房地產信託項目決策及管理研究

管百海 ／ 著

財經錢線

前　言

　　2005—2018年，中國的房地產行業和信託行業均迎來了規模的快速增長，信託為房地產行業的發展提供了必要的資金支持。反過來，中國房地產市場的蓬勃發展又為信託行業的發展提供了載體；房地產信託業務在信託公司的總業務量中佔有較大比例，並成為信託公司利潤的重要來源。

　　房地產信託作為信託公司業務的重要組成部分，是信託公司極為重視的一項業務。收益往往是與風險相伴隨的，有收益就有風險；且房地產行業還經常處於國家調控之下，不確定性較其他行業更大。信託公司作為非銀行金融機構，其本身就是經營風險的。因此，對於房地產信託項目，信託公司要做好風險管控，將其自身收益最大化，將其自身風險最小化。從風險管理的角度出發，做好風險的源頭管理是最有效的。就房地產信託項目而言，把好決策關，選擇好房地產信託項目，將不合格的房地產項目排除在外，從源頭上控制風險，是信託公司開展房地產信託業務的第一要務。

　　在2018年之前，中國信託業規模增長迅速。但是，在高速增長的同時，也存在業務結構不合理，事務管理類信託和債權融資類信託占比過大，股權投資類信託占比較小。因此，信託公司也存在調整業務結構，實現轉型升級的需求。對於房地產信託項目，信託公司可以改變以前的單純債權融資模式，實施真正的股權投資，在獲取融資收益的同時獲取房地產項目的開發收益。在真正股權投資的情況下，信託公司需要設計好與房地

產開發商的利益分配機制，激勵開發商努力工作，積極為項目利潤最大化貢獻其智慧。在此過程中，信託公司還需要加強主動管理，以達到過程風險管理和提升項目收益的目的。

  本書在信託業積極謀求轉型發展的階段出版，對於信託公司房地產信託業務的創新發展具有較強的指導意義，凝聚了相關人員的集體智慧。

摘　要

　　房地產信託在信託公司的總業務中佔有重要地位，是大部分信託公司利潤的重要來源，在今後較長時期內，依然會是信託公司業務拓展的重要領域。因此，做好房地產信託業務對於信託公司的發展具有重要意義。

　　基於兩個方面的原因，需要信託公司對房地產信託項目予以更多的重視，並加強管理。一是中國房地產市場風險開始顯現。隨著中國房地產市場的逐步發展和成熟，那種只要拿到土地就能賺錢的時代已經過去，房地產行業正在向社會平均利潤水準靠攏。同時，房地產關係到老百姓的居住權利，國家對此非常重視，將之作為民生工程，在認為房價上漲過快時就會對房地產市場進行調控，採取行政手段、金融手段、稅收手段等對房地產市場進行干預。在此雙重背景下，信託公司需要做好房地產信託項目的風險管理，選擇好項目並加強主動管理。二是信託公司從業務轉型升級出發，對房地產信託項目進行股權投資。信託公司從房地產信託項目風險管理以及提升自身利潤水準角度考慮，改變房地產信託的傳統業務模式，從單純的提供融資向股權投資方向發展，在獲取債權融資收益的同時參與房地產項目的開發和利潤分配，獲取股權投資收益。因而，加強對房地產信託項目的主動管理，並對項目進行股權投資，獲取投資回報，也是信託公司進行業務轉型、培育自身核心競爭能力的需要，可以改變目前信託公司通道業務占主流、利潤率低的狀況。

　　第1章是緒論。首先介紹了研究背景及研究意義，指出本書的相關研究可以為信託公司風險管控和房地產信託業務轉型升級提供指導，具有較

強的實用價值。接下來，為便於研究，從風險管理和收益分配兩個方面對現有文獻進行了梳理、總結，並指出現有研究的不足。本章對風險管理的三個發展階段進行了詳細的分析，並對信託行業風險管理的相關研究成果進行了重點梳理，包括信託的風險成因和風險管控，指出由於發達國家的信託基本都是混業經營，單獨針對信託風險管理的研究較少，而中國信託業發展歷史較短，對信託風險管理的研究還不系統和完善，且國內外對於如何量化項目的風險度存在較大困難。對收益分配文獻的梳理，主要從聯盟收益分配和供應鏈收益分配兩個維度展開，發現在實體企業與金融機構進行合作時如何進行合理的利益分配的研究較少，可作為本書一個重要的研究方向。

第2章對中國房地產信託特徵、分類及發展情況進行了分析。首先介紹了房地產市場、房地產產品及房地產項目的特徵，指出中國房地產市場具有市場供給壟斷性、受政府調控影響大等七大特性，房地產產品具有不可移動等十大特性，房地產項目具有以土地獲取為基礎、資金密集等四大特性。接下來介紹了房地產信託的內涵、分類以及相關方，從信託產品投資者數量和融資性質是債權還是股權兩個維度對房地產信託進行了分類，並對信託公司、開發商、投資者、金融監管機構四個主要相關方進行了介紹和分析。最後，總結了房地產信託在中國的發展情況，分析了房地產信託在信託行業中的地位，以及在發展過程中存在的問題，提出了房地產信託的六大發展趨勢和方向，包括轉向存量房地產市場、加強主動管理、股權投資、養老地產與養老信託結合、房地產信託投資基金、優選交易對手進行戰略合作。

第3章對融資類房地產信託項目選擇的決策問題進行研究。做好融資性房地產信託項目的風險管理，項目選擇是關鍵，力爭從源頭上進行風險管控。首先對項目選擇決策現有的研究成果進行了總結分析，指出了現有研究存在實用性不強等問題。隨後，對影響信託公司選擇融資類房地產信託項目的因素進行了分析。針對項目本身，從項目所在城市、區位、周邊配套、項目產品類型、土地成本五個方面進行了分析；針對考慮開發商綜合實力的情況，從項目以外的擔保資產和開發商的開發管理能力兩個方面

进行了分析。然后，在前述分析的基礎上，構建了由22個三級指標、8個二級指標、2個一級指標構成的三級評價指標體系，用專家打分法得出22個三級指標的基礎評價分值，利用1~9的九級判斷尺度法確定各級指標的權重，經過逐級計算得出項目的綜合評價得分。將綜合評分與事先確定的評價決策基準值進行比較，來判斷是否為該項目提供融資。

第4章對融資類房地產信託項目收益與風險如何合理匹配進行研究。由於不同的項目具有不同的風險，對於擬提供融資的房地產信託項目，信託公司應根據其風險大小收取不同的資金成本，以實現收益與風險的匹配。本章分析了融資類房地產信託項目的風險，包括系統性風險與非系統性風險、主觀風險與客觀風險。引入資本資產定價模型用於項目的收益風險匹配，關鍵的問題是如何量化一個具體項目的風險值。通過兩種方式解決了房地產信託項目風險度測量問題：一是採用改進的TOPSIS法，二是採用三級評價指標法。並且，在信託公司使用三級評價指標法來進行項目選擇決策的前提下，使用三級評價指標法來評價房地產信託項目的風險度更合理、更準確。否則，可以直接使用改進的TOPSIS法來評價房地產信託項目的風險度，效果亦較好。同時，採用成本加成法來確定信託公司的無風險利率，採用集體決策法確定風險利率，使得信託公司可以順利使用資本資產定價模型來實現融資性房地產信託項目的收益風險匹配。信託公司根據房地產信託項目不同的風險水準來決定對其提供融資的利率，實現了收益與風險的匹配，對於公司內部各業務團隊開展業務更為公平，並且，也最大化了公司的收益。

第5章對股權投資類房地產信託項目的選擇及利益分配進行了研究。為改變傳統的單純向房地產信託項目提供融資的模式，信託公司可對項目進行真正的股權投資。其中，解決好與房地產開發商的利益分配是項目成功的關鍵。股權投資類房地產信託項目有兩種來源：一種是信託公司自己尋找的項目，另一種是開發商提供的項目，信託公司均可對其進行真正的股權投資。分兩大類四種情況對信託公司與開發商之間的利益分配問題進行深入研究。第一類是信託公司持有房地產項目全部股權，將項目開發管理工作委託給房地產開發商。其中第一種情況是信託公司向開發商按固定

比例支付管理費；第二種情況是雙方事先約定項目的基準利潤，對於基準利潤部分，信託公司向開發商支付固定管理費；對於超過基準利潤的超額利潤，雙方按約定的比例進行分成。研究結果表明，第二種情況下，開發商的積極性得到調動，其工作努力程度更高，各方收益更高。第二類是信託公司與房地產開發商共同持股項目公司，項目具體的開發管理工作由開發商負責。其中第三種情況是信託公司與開發商按股權比例對項目利潤進行分配。第四種情況是雙方事先約定項目的計劃利潤，對於計劃利潤，雙方按股權比例進行分配；超過計劃利潤的超額利潤，雙方按另行協商的比例進行分配。研究結果表明，第四種情況下，開發商的工作積極性更高、工作更努力，各方收益也更高。

第6章對房地產信託項目如何加強主動管理進行了研究。勤勉盡責是信託公司應盡的義務，加強主動管理是勤勉盡責的具體體現。首先對主動管理的內涵進行了介紹，並對2011—2017年主動管理信託業務在信託業中的比重進行了統計分析，發現總體呈現上升趨勢，說明信託公司對主動管理信託業務越來越重視。隨後，分融資類和股權投資類兩種情況對房地產信託項目的主動管理進行研究。對於融資類房地產信託項目，提出了做好項目盡職調查、監控項目資金流向、掌控項目運行、提出優化建議，及時、準確披露項目信息四方面主要措施。對於股權投資類房地產信託項目，指出融資類房地產信託項目的主動管理措施要全部採用，並在此基礎上提出了另外的五項主動管理措施，即制定好項目公司章程，按現代企業制度運作；管理好項目公司的證照、印鑒；加強預算管理，嚴控成本；設計好利益分配機制，調動開發商積極性；增加股東對賭條款，犧牲部分利益以規避風險。

目　錄

1　緒論／1

    1.1　研究背景／1

    1.2　研究意義／3

        1.2.1　為信託公司風險管控提供指導／3

        1.2.2　為信託公司房地產信託業務轉型升級提供指導／4

    1.3　研究內容／6

    1.4　國內外研究綜述／8

        1.4.1　風險管理研究綜述／8

        1.4.2　收益分配研究綜述／13

    1.5　創新點／17

2　中國房地產信託特徵、分類及發展情況分析／19

    2.1　房地產的特徵／19

        2.1.1　房地產市場的特徵／19

        2.1.2　房地產產品及房地產項目的特徵／23

    2.2　房地產信託的內涵、類型及特徵／26

        2.2.1　房地產信託內涵及類型／26

        2.2.2　房地產信託的相關方／28

        2.2.3 房地產信託的特徵 / 32
    2.3 房地產信託的發展情況 / 33
        2.3.1 房地產信託在信託業務中的地位 / 33
        2.3.2 房地產信託發展過程中存在的問題 / 36
        2.3.3 房地產信託的發展趨勢及方向 / 38

3 融資類房地產信託項目選擇決策研究 / 42
    3.1 項目選擇決策的現有研究成果總結 / 42
    3.2 影響信託公司融資類房地產信託項目選擇決策的因素分析 / 44
        3.2.1 單純針對房地產項目本身的影響因素分析 / 44
        3.2.2 考慮開發商綜合實力的影響因素分析 / 46
    3.3 融資類房地產信託項目評價指標體系構建 / 48
        3.3.1 各級評價指標的選取 / 48
        3.3.2 相關指標打分及權重的確定 / 50
    3.4 待評價項目綜合評分及選擇決策 / 54
        3.4.1 信託公司對項目決策基準值的確定 / 54
        3.4.2 對評價項目實施綜合評分及選擇決策 / 56
    3.5 應用案例分析 / 58
        3.5.1 相關數據的確定 / 58
        3.5.2 相關指標的計算及決策情況 / 59
        3.5.3 案例分析 / 59

4 融資類房地產信託項目收益與風險匹配研究 / 61
    4.1 融資類房地產信託項目風險分析 / 62
        4.1.1 系統性風險與非系統性風險 / 63
        4.1.2 主觀風險與客觀風險 / 66

4.2 引入資本資產定價模型用於項目的收益、風險匹配 / 67

 4.2.1 收益、風險匹配研究文獻述評 / 67

 4.2.2 房地產信託項目收益、風險匹配分析及資本資產定價模型引入 / 69

4.3 融資類房地產信託項目風險度的評價 / 70

 4.3.1 改進的 TOPSIS 法 / 71

 4.3.2 三級評價指標法 / 74

4.4 無風險利率和風險利率的確定 / 75

 4.4.1 無風險利率的確定 / 75

 4.4.2 風險利率的確定 / 76

4.5 應用案例分析 / 77

 4.5.1 相關數據的確定 / 77

 4.5.2 改進的 TOPSIS 法和三級評價指標法評價項目風險度的對比分析 / 78

 4.5.3 項目收益與風險匹配分析 / 79

4.6 總結及建議 / 80

5 股權投資類房地產信託項目選擇及利益分配研究 / 82

5.1 股權投資類房地產信託項目來源及選擇 / 83

 5.1.1 股權投資類房地產信託項目來源分析 / 83

 5.1.2 股權投資類房地產信託項目選擇概述 / 85

5.2 利益分配的理論基礎 / 86

 5.2.1 Shapley 值法 / 86

 5.2.2 最大最小費用法 / 88

 5.2.3 群體重心模型 / 88

 5.2.4 Nash 談判模型 / 89

5.3 信託持有全部股權的房地產信託項目利益分配研究 / 90

    5.3.1 基本定義和假設 / 91

    5.3.2 比例支付管理費模式下的利益分配分析 / 93

    5.3.3 房地產開發商參與超額利潤分配的利益分配分析 / 95

    5.3.4 算例檢驗及分析 / 100

5.4 信託持有部分股權的房地產信託項目利益分配研究 / 102

    5.4.1 基本定義和假設 / 102

    5.4.2 按股權比例分配項目利潤的利益分配分析 / 103

    5.4.3 超額利潤分級分成的利益分配分析 / 105

    5.4.4 算例檢驗及分析 / 108

5.5 本章小結 / 110

6 房地產信託項目主動管理研究 / 113

6.1 信託主動管理概述 / 113

6.2 融資類房地產信託項目主動管理研究 / 116

    6.2.1 做好項目的盡職調查 / 116

    6.2.2 監控好項目資金流向 / 119

    6.2.3 掌控項目運行情況，提出優化意見 / 121

    6.2.4 及時、準確披露項目信息 / 123

6.3 股權投資類房地產信託項目主動管理研究 / 124

    6.3.1 制定好項目公司章程，按現代企業制度運作 / 125

    6.3.2 管理好項目公司的證照、印鑒 / 127

    6.3.3 加強預算管理，嚴控成本 / 128

    6.3.4 設計好利益分配機制，調動開發商積極性 / 130

    6.3.5 增加股東對賭條款，犧牲部分利益以規避風險 / 131

參考文獻 / 134

1 緒論

1.1 研究背景

　　信託作為一種靈活的金融制度安排，最初是為維護私有財產的需要而產生的。信託起源於英國的尤斯制度，擴展至歐美國家，後來為大陸法系的日本、韓國等接受。

　　信託在中國的發展歷程較短，中國的首家信託公司——中國國際信託公司於 1979 年成立。但是信託業在中國的發展速度卻非常快，至 2016 年底，信託資產規模已超過 20 萬億元人民幣，成為僅次於銀行的第二大金融子行業。尤其是自 2011 年至 2016 年，年平均增速超過 30%。

　　但是，中國信託業在 40 年的高速發展過程中也出現了不少問題，歷經了六次大整頓，信託公司數量從最多時的 700 多家減到目前的 68 家。這也說明信託公司在業務開展過程中，需要從各個方面引起重視，保證公司的持續健康發展。

　　自 2003 年以後，房地產成為信託公司業務發展的重要方向。從中國信託業協會 2010 年在其官網上開始對信託業務統計以來，對信託資金投向劃分為五大領域：房地產、基礎設施、證券、工商企業、其他。可見，房地產對信託公司的重要性。而房地產在中國兼具投資品和消費品特性，並不完全市場化運行，房地產市場受到國家宏觀調控影響較大。

中國的房地產市場發展開始於20世紀80年代末期，在1991年國務院批准24個省、直轄市的房改總體方案後才真正走上發展軌道。此後，中國的房地產市場以較快速度發展，迎來了20多年的黃金發展期。

中國房地產行業從總體發展趨勢來看，一直呈現上升態勢。但從短的時間週期來看，也存在階段性低谷期。受國家調控政策的影響，中國的房地產市場從2013年下半年至2015年上半年處於低迷狀態，不少房地產項目銷售情況不如預期，這種情況導致一些房地產信託項目所融資金本息不能如期歸還，產生兌付風險。例如，2014年中融信託的「新都酒店股權收益權投資集合資金信託計劃」兌付事件、2015年新華信託的「鎮江冠城商業中心項目收益權投資集合資金信託計劃」兌付事件、長城新盛信託的「長城財富9號大連金生山海雲天項目組合投資集合信託計劃」兌付事件等，均給相關信託公司帶來了經濟損失和社會聲譽損失。

信託公司發展過程中面臨的風險首先是經濟風險，如果所實施的信託項目出現問題，信託公司就不能及時、足額收回信託資金本息，給信託公司造成損失。房地產業務作為信託公司利潤的一個重要來源，房地產信託業務的健康發展對於信託公司的健康發展起到重要的作用。

信託公司要做好房地產信託業務，就要保證房地產信託項目正常運行。因此，首先，選擇好房地產信託項目，從源頭上規避風險，就成為信託公司發展房地產信託業務的重點，需要保證所選項目在信託產品到期時能有充足的現金流。

其次，中國的信託公司也面臨轉型發展問題。信託的本質是「受人之託、代客理財」，信託公司理應成為相關行業的理財專家、投資專家，以實現客戶所委託財產的增值。但是，絕大部分信託公司發展成了類銀行金融機構，在資金運用方面，所做的大量業務屬於通道性質的「事務管理類信託」和「融資貸款」，但「投資類」信託這種接近信託本源的業務占比較小。而從房地產信託業務來看，項目的絕大部分利潤被房地產開發商獲取，信託公司只獲得了貸款利息。因此，信託公司要想獲取房地產開發的高收益，可以嘗試對房地產信託項目進行真正的股權投資，以股東身分參與房地產項目的收益分配，探索信託公司的業務轉型之路。

選擇好合適的房地產信託項目後，信託公司為控制風險，需要對項目加強主動管理。信託公司對房地產信託項目的主動管理可以分為兩種情況：一種情況是對於債權融資型的房地產信託項目，信託公司要加強項目的主動管理，保證項目按照預定目標實施，到時兌付信託計劃。另一種情況是對於股權投資的房地產信託項目，一般需要將項目委託給專業的房地產開發公司管理，信託公司要考慮如何設計好與專業房地產開發公司之間的利益分配機制，激勵房地產開發商努力工作，積極為項目利潤最大化貢獻其智慧。

本研究主要從信託公司的角度，以中國的房地產信託項目為研究對象，對融資類房地產信託項目的選擇和收益風險匹配進行研究，對股權投資類房地產信託項目信託公司與開發商的利益分配進行研究，以及這兩類項目如何加強主動管理，以達到風險控制和提高信託公司收益的目的。

1.2 研究意義

房地產信託作為信託公司業務的重要組成部分，是信託公司極為重視的一項業務。而收益是與風險相伴隨的，有收益就有風險，且房地產行業還經常處於調控之下。信託公司作為金融機構，其本身就是經營風險的。因此，不管是對於融資類還是股權投資類房地產信託項目，信託公司都需要做好風險管控，最大化自身收益，最小化自身風險。

本課題的研究具有以下兩方面重要意義：

1.2.1 為信託公司風險管控提供指導

做好項目的風險管理是信託公司的永恆主題，是信託公司在業務開展過程中必須始終重視的工作。

房地產市場除了遵循一般的市場規律外，還經常受到國家和各級地方政府的調控。因此，影響房地產市場的因素較多，相較於一般的經濟活

動，其運行規律更複雜，更具有不可預測性。

信託的本質是「代客理財」，照理說應該是信託投資者自擔風險，信託公司並不對投資者的本金及收益承擔保證責任。「賣者盡責，買者自負」，理論上信託公司承擔的是「受託責任」，只要信託公司按照法律法規以及銀監部門的監管要求，在信託計劃設立、信託財產管理運用以及終止清算等相關環節認真履行了受託人應盡的職責，並且及時、準確披露了信託業務的相關信息，就能視為信託公司履行了受託責任。在信託公司受託責任較好履行的基礎上，如果信託項目再出現風險，照理信託公司可以免責，風險由信託投資者自行承擔。

但是，由於歷史原因以及其他客觀因素，加之信託公司是否盡責也難以準確判斷，導致中國的信託行業一直實行「剛性兌付」，即在信託期限屆滿時，即使信託項目發生了風險，信託資金本息尚未收回，絕大部分信託公司都會想盡各種方法（包括使用自有資金墊付）籌集資金，按照信託合同列示的預期收益率支付信託投資者本息。

即使在 2018 年 4 月資管新規出抬後，要求打破剛性兌付；但一旦出現風險項目，將對信托公司品牌造成極大負面影響，不利於信託公司後續產品的發行。信託公司從自身生存、發展的角度來看，必須做好房地產信託項目的風險管理；否則，房地產信託項目一旦發生風險，就會給信託公司造成極大的經濟損失。

本研究從風險管控的源頭出發，為信託公司選擇合適的融資類房地產信託項目建立數學決策模型，同時建立房地產信託項目收益、風險匹配模型，為信託公司從源頭管控風險提供了有效手段。並且，還對房地產信託項目實施過程中如何加強主動管理，提出了建議，從而降低項目風險，提高房地產信託項目的成功率。相關研究成果對於信託公司的房地產信託項目風險管理具有切實的指導意義，實用性強。

1.2.2 為信託公司房地產信託業務轉型升級提供指導

發展是企業的永恆主題，隨著環境的變化，企業應對自身的業務模式和市場競爭手段進行及時調整以獲取持續發展能力。

2011—2016 年，信託業經歷了高速發展的黃金時期，尤其是與金融同業做的事務管理類信託（通常說的「通道」業務）發展迅猛。在不少信託公司中，「通道」業務占比極大，有些超過了 85%。但是，2017 年迎來了「金融監管年」，對各類金融機構的監管空前嚴厲，其中「同業套利」是監管檢查的重點之一，嚴查利用金融機構之間的不同標準進行監管套利。同時，2017 年 7 月召開的第五次全國金融工作會議，針對前幾年中國存在的「融資難、融資貴」以及資金「脫實向虛」的現象，中央提出要「降槓桿」、引導資金「脫虛向實」，指出做好金融工作第一原則是：迴歸本源，服從服務於經濟社會發展。

因此，信託公司以後再想依靠「通道」業務來實現規模的高速擴張是不可持續的；另外，信託公司對於「通道」業務只是收取較低「通道費」，「通道」業務的利潤率很低。

信託要想在「大金融」中凸顯其地位，獲取行業競爭優勢，還是需要迴歸信託本源，培育主動管理能力。對房地產信託項目進行真正的股權投資，獲取房地產項目的開發利潤，而不是單純的貸款利息，是信託公司業務轉型升級的一個可行方向。

但是，信託公司作為金融機構，對於房地產開發並不具有專業管理能力。信託公司股權投資房地產項目後，仍然需要把房地產項目委託給專業的房地產開發商來開發管理。在這種情況下，就產生了信託公司與房地產開發商之間的利益分配問題，需要考慮充分激發開發商的積極性，使得在房地產項目整體利益最大化的同時實現信託公司的利益最大化。

本書的研究擬引入利益分配契約，來協調信託公司與房地產開發商之間的利益分配問題。研究成果可以引導開發商努力工作，實現雙方收益的極大化，降低雙方之間的內耗，提高房地產信託項目的開發運行效率。

本書的研究具有理論創新價值和實踐指導作用，對於信託公司房地產信託業務開展具有很強的實用性。同時，也非常契合金融監管部門對信託公司的要求。2014 年，原銀監會印發了《關於信託公司風險監管的指導意見》（銀監辦發〔2014〕99 號），開宗明義提出該文件出抬的目的：有效

防範、化解信託公司風險，推動信託公司轉型發展。目前，「99號報備表」是信託公司每一筆業務均須向銀監部門事前報送的資料。本課題的研究與99號文的出發點不謀而合，與監管精神契合。

1.3 研究內容

本書的研究主要分為兩大方面：一方面是從風險管理角度進行的研究。從風險管理的源頭出發，首先分析房地產信託項目風險因素，構建房地產信託項目三級評價模型，為信託公司房地產信託項目選擇決策提供指導。同時，從公平和效率的角度出發，引入資本資產定價模型，為信託公司的房地產信託項目進行收益風險匹配，對不同項目制定不同的融資成本。另一方面是從激勵角度進行的研究。對於信託公司股權投資的房地產信託項目，信託公司與房地產開發商構成利益共同體；研究如何通過設計合理的利益分配機制來調動房地產開發商的積極性，使得雙方利益最大化。

本書的主要內容、章節安排如下：

第1章是緒論，主要介紹選題背景及研究意義，並對現有的相關研究成果進行總結、綜述。

第2章主要分析房地產信託的內涵及特徵，並介紹其在中國的發展情況。從房地產市場和房地產產品的特徵分析開始，進而分析房地產信託的內涵和特徵；並探討房地產信託發展過程中存在的一些主要問題及發展趨勢，為後續的研究打下基礎。

第3章研究了融資類房地產信託項目的選擇決策問題。從影響房地產信託項目的因素出發，構建房地產信託項目選擇決策的三級評價模型，將利用模型得到的項目綜合評價值與事先確定的評價基準進行比較，從而信託公司做出是否為該項目提供融資的決策。

第 4 章研究了融資類房地產信託項目的收益與風險匹配問題。引入資本資產定價模型作為解決房地產信託項目收益與風險匹配的基本思路，利用改進的 TOPSIS 法和三級評價指標 法來評價房地產信託項目的風險度，採用成本加成法確定房地產信託項目的無風險利率，採用集體決策法確定風險利率，使得資本資產定價模型具有較強的實用性。

第五章研究了信託公司股權投資房地產信託項目情況下，信託公司與房地產開發商的利益分配問題。首先對股權投資類房地產信託項目的選擇做了簡單概述，接下來主要探討了各種情況下房地產開發商的工作努力程度以及信託公司與房地產開發商利益分配的比例，以激勵開發商，調動其積極性。

第六章討論了房地產信託項目的主動管理問題。探討了信託公司如何通過主動管理盡到勤勉盡責的義務，做好房地產信託項目的風險管理。

本書的整體研究框架如圖 1-1 所示。

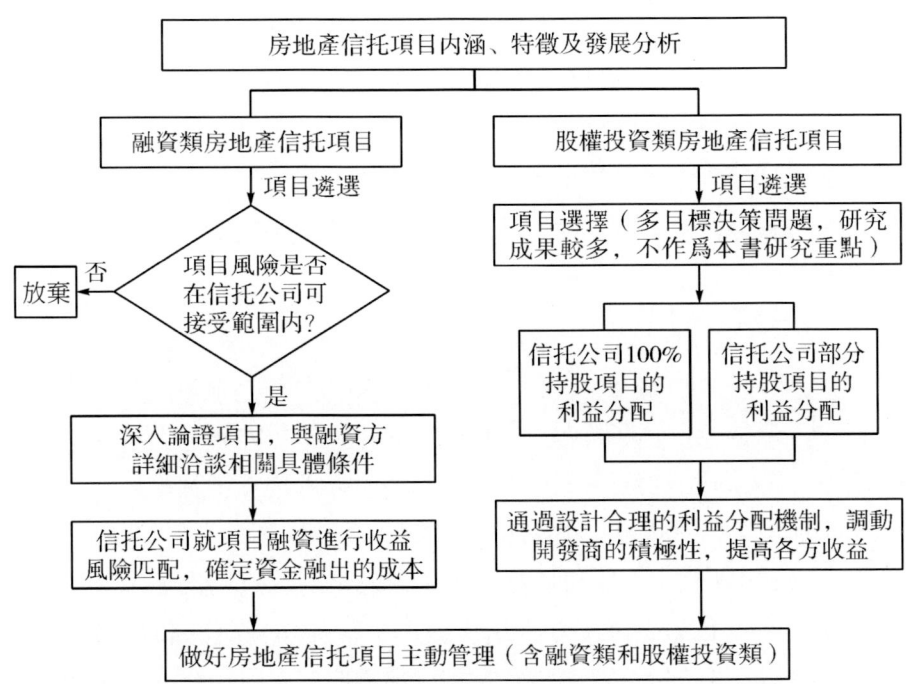

圖 1-1　整體研究框架

1.4 國內外研究綜述

本書的研究主要涉及風險管理和收益分配，擬從這兩個方面對現有的研究成果進行總結、綜述。

1.4.1 風險管理研究綜述

風險管理是人類很早以前就開始進行的一項工作，最早可以追溯到原始社會，原始人打獵後將未吃完的食品儲存起來以備狩獵無獲時食用就是最初的風險管理措施。進入商業社會後，保險是人們最熟悉的風險管理措施。

雖然風險管理在人類生活中很早就有應用，但是，其作為一門科學，系統性研究卻始於 20 世紀 30 年代。經過長時間的發展、完善，現在風險管理已成為一門較成熟的學科。

1.4.1.1 風險管理的三個發展階段

根據風險管理發展歷程中的一些重大事件，從時間軸上可以將風險管理劃分為三個階段：傳統風險管理階段、現代風險管理階段以及全面風險管理階段。

1. 傳統風險管理階段（1931—1993 年）

1931 年，美國管理協會保險部提出進行風險管理，並研究風險管理和保險問題。實質上，在此之前，已做了不少工作。1705 年，瑞士 Bernoulli 提出了「大數定律」。1720 年，英國成立了世界上第一家保險公司。1921 年，Knight 出版了《風險、不確定性和利潤》一書。

20 世紀 50 年代，美國通用汽車的生產安全事故成為促進風險管理發展的重要事件。1950—1951 年，納什提出了納什均衡概念和均衡存在定理，將博弈論一般化，用於社會經濟領域的相關研究。1952 年，美國馬科維茨提出資產組合選擇理論。1956 年，Snider 提出「風險管理」的概念。

1962年，第一本風險管理的專著《風險管理之崛起》由 AMA 出版。1963年，美國《保險手冊》刊載名為《企業風險管理》的論文，引起歐美各國的重視。1973年，日內瓦協會成立，將風險管理、保險與經濟進行結合。1977年，美國 FCPA 法案實施。1979年，國際風險管理協會 IRM 成立。1980年，風險分析組織 SRA 成立。1983年，在美國風險與保險管理學會上，通過了針對危害性風險的「101條風險管理準則」。1986年，世界第一筆金融衍生物進行交易。1986年，歐洲11個國家共同成立了歐洲風險研究會。1987年，美國股市遭遇「黑色星期五」，使大家對於風險管理更為重視。1988年，巴塞爾資本協議通過表決實施。1989年，COSO 內部控制管理框架公布。

這一階段，風險管理主要是針對信用風險和財務風險，且研究領域比較單一，沒有涉及綜合風險管理問題。

2. 現代風險管理階段（1993—1999年）

1993年，「首席風險總監」開始在企業中出現，這標誌著現代風險管理階段的到來。首席風險總監作為企業的高級管理人員直接向企業的董事會負責，風險管理得到企業的更加重視。

隨後發生的重大事件有：

1995年，澳大利亞標準委員會和新西蘭標準委員會聯合成立了技術委員會，由其制定了全球第一個企業風險管理標準——澳大利亞/新西蘭管理標準（AS/NZS4360），簡稱澳洲風險標準。

1996年，全球風險管理協會（GARP）成立。

1998年，美國長期資本管理公司（LTCM）在金融衍生品交易中損失40多億美元，瀕臨破產；這一事件引起風險管理理論界的廣泛關注，此後提出了全面風險管理理論（ERM）。

3. 全面風險管理階段（1999年至今）

1999年，巴塞爾委員會修訂1988年版的《巴塞爾協議》，形成《新巴塞爾資本協議》的徵求意見稿，2006年新協議正式實施。徵求意見稿成為推動全面風險管理發展的巨大推動力。《新巴塞爾資本協議》將市場風險和操作風險均納入了資本約束的範圍，提出將資本充足率、監管部門監督

檢查及市場紀律作為三大監管支柱。

此後，從 2000 年開始，全面風險管理理念得到各界廣泛認可。

2001 年，美國發生「9/11」恐怖主義襲擊事件，促使人們重新認識風險管理。

2002 年，美國安然事件爆發，安然公司倒閉成為美國歷史上企業第二大破產案。

2004 年，美國反虛假財務報告委員會下屬的發起人委員會（COSO）出抬了《企業風險管理——整合框架》，該框架的內容構成了現代全面風險管理理論的核心。

此後，全面風險管理在理論和實踐方面均得到極大發展和應用。

1.4.1.2 信託行業的風險管理研究

在發達國家，金融大多實行混業經營，信託業務經常作為金融機構的業務之一，很少有獨立運行的信託公司。這種背景下，國際上的學者單獨針對信託風險管理進行的研究不多。發達國家信託公司的風險管理重點集中於建立健全公司的治理體系，強化自我約束，強調政府與市場的監督。

中國在改革開放以前實行計劃經濟，基本沒有研究風險管理問題。改革開放以後，風險管理開始引入國內。信託行業歷經了六次大整頓，信託公司數量也大量減少，之後信託行業對風險管理開始非常重視，對風險管理傾註了大量的精力和資源。

國內對信託行業風險管理的研究主要集中在風險成因和風險管控兩個方面。

1. 信託的風險成因

對於信託風險的成因，國內很多學者從各自的角度提出了自己的看法。

周樹立（1999）認為[1]，中國信託風險產生的根本原因在於中國不是在充分引進，而是部分引進信託制度的基礎上開展信託業務，信託業務開展並沒有遵循信託的本質。

劉錫良教授（1999）[2]的觀點是，在市場經濟中，金融風險是普遍存在的，其發生更多的是由金融市場本身的問題引起的。

姜燁（2001）認為[3]，金融風險產生的根源是不確定性，表現在制度和技術兩個方面。

周英（2002）[4]指出中國非銀行金融機構風險的主要成因是：歷史包袱重，遺留問題多；體制不穩定；內部制度不嚴；外部環境不寬鬆等。

李樹生（2002）[5]認為中國信託風險的深層次原因在於信託法律制度建設方面有缺陷，經濟體制改革不到位。

徐光宇等（2004）[6]從系統性風險和非系統性風險角度對信託風險進行了分析，在此基礎上，對兩大類風險又進行細分。

黎曦等（2006）[7]分析了中國房地產信託項目的風險影響因素：法律法規不完善、房產所有權詐欺、行業自身因素影響等。

餘彤（2012）[8]指出中國信託風險目前主要表現為兩個方面：（1）經營基礎薄弱，違規作業普遍；（2）資產與負債不對稱，潛藏巨大金融風險。

朱虹（2013）[9]分析了信託風險的主要類型，認為風險成因主要在於信託立法缺失、信託財產登記方式缺失、信託項目和交易夥伴選擇失誤等。

袁吉偉（2013）[10]通過26個信託風險事件總結出信託風險的主要成因：盡職調查不完善、信託項目過程管理流於形式以及交易對手不誠信等。

倪受彬（2014）[11]深入剖析中誠信託的振富煤礦集合信託項目「兌付」事件，認為信託法需要完善以適應實際經濟活動。

宋曉雨（2017）[12]從風險的具體表現形式，總結了信託公司面臨的三種風險：市場風險、兌付風險、合規風險。

楊陽（2017）[13]從財務的角度提出了信託公司的三種風險：籌資風險、投資風險和操作風險。

2. 信託風險管控

對於信託的風險處置和管理，國內的相關學者也提出了眾多的建議。

楊建新（2000）[14]提出通過建立和完善資本風險管理制度和建立嚴密的內控體系來管控信託業風險。

金志等（2000）[15]認為可以通過信託公司的內控體系制度設計來防範風險。

朱建軍（2001）[16]提出了信託業風險標本兼治的四項措施：立法先行，穩健經營，再造管理機制，監管與自律並重。

姜霞（2003）[17]建議信託公司建立風險管理指標體系來管控風險。

張志榮、劉永紅（2005）[18]從內部審計的角度提高信託公司的風險管理能力。

李國柱、馬君潞（2006）認為[19]，信託公司近期應構建以資本金為核心的風險緩衝機制；長期應引入業績評價基準。

姚大躍（2008）提出[20]信託公司應分層次、多環節進行風險管理。信託公司須重點關注信用風險、操作風險等業務層面上的風險。

崔澤軍（2009）[21]借助一般風險管理的手段，具體分析了風險規避、風險吸收等八種風險管理手段在信託中的應用。

張迪（2010）[22]提出信託公司風險控制的手段：優化內部治理結構，協調融投期限。

李蓓（2012）[23]借鑑 COSO-ERM 框架，構建了中國信託公司三維立體風險管理體系。

周星（2013）[24]專門對房地產信託的風險進行了研究，分別從政府、投資者、信託公司角度提出了風險管理建議措施。

袁吉偉（2014）[25]提出中國信託公司應在操作風險文化、管理工具應用、操作風險與業務發展互動等方面下功夫。

張靜（2016）[26]以系統論觀點提出了信託公司風險管理策略：信託業務關鍵流程設計、信託項目啟動時盡職調查、運行期定時排查風險、清算期專項審計風險。

郝麗霞（2016）[27]提出信託公司應從建立信託專用信用分析模型，做好信託項目評估，防範流動性風險隱患，完善操作風險管理流程等方面進行風險管理。

宋曉雨（2017）[12]建議信託公司從戰略規劃、盡職調查、培養優秀專業人才三個方面做好風險管理。

陳楊（2017）[28]從健全企業組織架構、預算控制等六個方面提出了信託公司加強內部控制的手段和措施。

1.4.1.3 風險管理研究成果的簡短述評

風險管理的實踐應用歷史悠久，理論研究也已有100多年的歷史。相關研究已比較深入、完善。但是，由於國外發達國家的信託基本都是混業經營，因此國外對於信託的風險管理研究較少；而中國信託業發展的歷史較短，此方面研究有一定成果，但還說不上系統和完善，信託風險管理方面有待研究的問題較多。

另外，從風險管理的研究來看，對於風險識別研究較多，對於風險度量方面研究的成果較少，將風險進行量化評價存在較大困難。這是本書擬深入的一個方向。

1.4.2 收益分配研究綜述

對收益分配進行研究的文獻很多，大體上分為兩大領域：一個是供應鏈領域；另一個是聯盟領域。雖然分為兩大領域，但每個領域的研究思路和方法基本相同。

1.4.2.1 聯盟收益分配研究

「Shapley值法」1953年被提出，是較早的定量研究利益分配問題的方法。它為相關方合作利益分配提供了很有價值的手段[29]。

聯盟成員之間如何進行收益及風險分配，主要有兩種原則，一種是基於成員的能力進行收益分配；一種是基於成員的貢獻進行收益分配。

文獻［30-33］研究了以成員能力為基礎的聯盟收益分配問題。其中Karl Morasch 2000年研究了在以壟斷公司為主導形成的生產型戰略聯盟中的利益分配，聯盟通過適當的委託機制，進行價格傳遞和利益共享，分析了在不同聯盟結構下成員之間的利益分配結構[30]。N. X. Jia 和 R. Yokoyama 2003年利用合作博弈理論提出了電子產品市場中小型生產商聯合銷售的收益分配模型[31]。Hendrik等2006年分析了非等級生產合作網絡下的能力單元收益分配問題[32]。蘭天等2008年從保證公平性、防止搭便車出發，給出了聯盟利益分配的原則和方法[33]。

文獻［34-36］主要討論了基於成員貢獻如何進行聯盟的收益分配。其中 Satyaveer S Chauhan 等 2005 年提出了供應商——零售商二級供應鏈的收益分配模型[34]。鄭長軍等 2001 年根據委託——代理理論，從成本的角度分析企業成員對聯盟的貢獻，提出聯盟成員所分配的收益應與其對聯盟的貢獻相一致[35]。王安宇、司春林 2007 年研究研發聯盟的收益分配問題，分一次性合作和重複性合作兩種情況進行了分析，發現一次性合作時，收益分配方案遵循絕對優勢原則；重複合作時，收益分配應遵循相對優勢原則[36]。

另外，還有不少學者從機會成本、資產專用性等角度，使用博弈等方法研究了聯盟的收益分配問題。

張延鋒等 2003 年改進 Shapley 值法用於聯盟成員收益分配，認為成員的機會成本以及聯盟合作成功的預期決定分配收益[37]。

張小衛等 2003 年探討了聯盟中專用性資產投資在利益分配中所起的影響和作用，引用一個博弈模型討論了利益分配同專用性資產投資的關係[38]。

孫東川等 2001 年將 Nash 談判模型用於動態聯盟收益分配，並以實例進行了分析[39]。

廖成林等 2005 年構建了虛擬企業的一次收益分配模型，提出以激勵為目的的收益再分配策略和以約束為手段的懲罰策略相結合的二次收益分配機制[40]。

李亞東等 2006 年根據委託—代理理論建立動態聯盟的收益分配模型，分析了非合作策略下和合作策略下的收益分配博弈[41]。

文軍、杜文 2007 年將熵權法引入聯盟收益分配，以考慮聯盟成員的偏好或利益[42]。

逢金輝等 2008 年將模糊博弈用於聯盟的收益合理分配，提出了 T 合理 Shapley 值分配集概念，構造模糊分配函數[43]。

劉雷、李南 2009 年[44]針對建設項目的動態聯盟，通過設計正式契約引入激勵機制，以獎勵額度實現對正式契約和模型的改進。

李彤、張強 2010 年[45]借助合作對策，用超出值來表示企業不滿意度，

糅合了聯盟的穩定性來實現企業聯盟收益分配。

汪翔等 2012 年[46]設計了第三方監督下的研發聯盟收益分配機制，打破預算平衡，將第三方監督與傳統的 Shapley 值法結合，使得公平與效率統一。

陳愛祖等 2013 年[47]根據聯盟成員資源投入大小建立產業技術創新聯盟的利益分配模型，利用利益協調矩陣來實現公平目的。

馮慶華等 2015 年[48]建立了基於雙合作博弈的產品服務聯盟的收益分配模型，得出了雙合作聯盟的每個企業的最優產品和服務收益結果。

趙璇 2017 年[49]針對聯盟的不穩定性和收益值的不確定性，建立一種更加貼近現實問題的產學研收益分配模型。

1.4.2.2 供應鏈領域的收益分配研究

隨著市場競爭加劇，供應鏈管理得到越來越多的重視，市場競爭更多地體現為供應鏈之間的競爭。要想供應鏈正常、高效運行，以取得競爭優勢，需將供應鏈實現的收益在上下游多個環節的多個企業之間進行合理分配。

關於如何在供應鏈成員企業間進行合理的收益分配，國內外學者從供應鏈成員的能力、投入、貢獻、風險分擔等多個方面進行了研究。

Satyaveer S Chauhan 等 2005 年[34]建立模型研究了由供應商和零售商組成的二級供應鏈的收益分配問題。

魏修建 2005 年[50]從資源構成角度研究供應鏈的利益分配，實施以資源及其貢獻率為基準的利益分配準則。

Ethem Canakogluy 等 2006 年[51]研究了具有技術獨立需求的二階段無線通信供應鏈系統收益分配問題，提出根據技術投資比例來確定供應鏈成員收益分配策略的方法。

趙曉麗、乞建勛 2007 年[52]針對煤電企業供應鏈，運用無限價階段討價還價博弈方法建立了基於利潤分配因子的供應鏈利益分配模型。

劉松等 2007 年[53]在可拓理論的基礎上，研究虛擬供應鏈的利益分配方法，根據鏈上成員企業在不同階段所付出的成本和承擔的風險來動態調整利益分配。

張巍等2008年[54]探討了供應鏈企業間的協同創新及收益分配問題，運用Shapley值法研究供應商、製造商、銷售商三方協同創新的收益分配。

　　林家寶等2009年[55]以移動商務供應鏈為對象，引入收益共享契約來構建二級供應鏈優化模型，實現供應鏈的優化及協調。

　　王鶯和李軍2010年[56]研究了兩個競爭製造商及一個共同零售商構成的二級供應鏈收益分配，以供應鏈成員自身利益最大化為動因，採用Shapley值法進行收益分配。

　　貢文偉等2011年[57]以三級逆向供應鏈系統為研究對象，應用Stakelberg博弈模型研究該供應鏈的合作問題，運用Nash談判模型對總體利益進行兩次分配。

　　鄧朝暉等2013年[58]將成員企業服務水準的差異納入考慮範圍，應用網絡分析法（ANP）對Shapley值法進行修正，使供應鏈的收益分配策略既能夠充分考慮成員企業服務水準的差異，又更加符合實際。

　　馬麗娟2014年[59]研究信息共享時，供應鏈產生的經濟收益及其分配問題。

　　高崗倉和陳亞樂2016年[60]研究了博弈理論下農產品供應鏈收益分配問題，證明使用Shapley值法能將收益在供應鏈成員間進行更加合理的分配，從而提升供應鏈各成員企業的積極性。

　　高更君和黃芳2017年[61]利用雲重心法對Shapley值法進行修正，來研究供應鏈融資聯盟的收益分配問題，改進的收益分配方法更有利於維持供應鏈融資聯盟的穩定。

　　供應鏈收益的具體分配有多種模型和方法，如Shapley值法、博弈模型、契約模型等。馬士華、王鵬2006年將Shapley值法用於供應鏈的收益分配[62]。Kadir（2002）的博士論文利用拍賣模型和談判理論研究供應鏈的利益分配[63]。Ilaria Gavirneni2004年引入契約模型解決供應鏈的利益分配問題，通過調整契約參數來進行利益的合理分配[64]。林旭東和朱順泉2004年應用委託—代理理論研究供應鏈收益分配，提出了基於產出分享合同的分配策略與團體懲罰相結合的分配機制[65]。

1.4.2.3 收益分配研究文獻的總結

對收益分配的相關研究文獻進行綜合總結和分析，可以知道：

利益分配的模式主要有以下三種[66]：①產出分享模式；②固定支付模式；③混合模式。

利益分配的方法主要有四種：①夏普利值法（Shapley 值法）；②簡化的 MCRS（Minimum Cost–Remaining Savings）；③群體重心模型；④Nash談判模型。

同時，對目前的研究文獻進行梳理，發現在房地產開發商與金融企業之間進行非融資型合作時，雙方的利益分配問題研究較少。本書擬對信託公司就房地產信託項目進行真正的股權投資，與房地產開發商合作，就房地產信託項目產生的收益如何合理地在雙方之間進行分配進行深入研究，以充分激發房地產開發商的積極性，使得房地產信託項目收益及信託公司的收益最大化。

1.5 創新點

本研究的創新主要體現在以下三個方面：

一是建立融資類房地產信託項目選擇決策的三級評價模型。為從源頭控制項目風險，需要選擇好房地產信託項目。在實踐總結的基礎上，構建房地產信託項目選擇決策的三級評價模型，選取 2 個一級指標、8 個二級指標、22 個三級指標作為評價指標體系，以融資本息按時回收作為決策目標。構建的評價模型簡單、實用性強，可指導信託公司的房地產項目選擇決策。

二是量化研究融資類房地產信託項目的收益風險匹配問題。將資本資產定價模型引入房地產信託領域，解決房地產信託項目收益、風險匹配問題。其中，對項目風險進行量化度量一直是理論界和實踐中難以解決的難題，通過改進 TOPSIS 法和三級評價指標法能較好地解決這一問題；並且，

可以採用成本加成法來確定信託公司的無風險利率。這樣，信託公司可以順利使用資本資產定價模型來進行房地產信託項目的收益與風險匹配。

　　三是以分級分成思路研究股權投資類房地產信託項目的利益分配問題。對於信託公司真正股權投資的房地產信託項目，信託公司更多地要從項目股東的角度來看待問題。信託公司要考慮如何設計合理的利益分配機制，以充分調動房地產開發商的工作積極性，以在提高項目整體利潤的同時提高信託公司的收益。借鑑電力消費分級定價思路，將分級分成思路應用於股權投資類房地產信託項目的利益分配，以激勵房地產開發商努力工作，實現雙贏。

2 中國房地產信託特徵、分類及發展情況分析

房地產市場在中國的發展歷史並不長，房地產快速發展是在2000年以後。房地產開發作為資金密集型行業，與信託的聯繫極為緊密，尤其是在國家對房地產行業進行大力調控的情況下，房地產項目要從銀行融資較為困難，此時，房地產信託項目就非常多。

2.1 房地產的特徵

20世紀80年代末期，房地產作為一種特殊的商品開始出現。這種特殊商品因其價值量大，兼具投資品和消費品的雙重特性；有時，投資特性甚至還強過消費特性。房地產市場在中國也不完全是市場化運行，受到國家宏觀調控等多種因素的影響。

2.1.1 房地產市場的特徵

房地產市場與一般市場一樣，具有價值規律、競爭規律、供求規律等特性；除此之外，還具有一些區別於一般商品市場的特性。

2.1.1.1 市場供給的壟斷性

一方面，由於房地產開發週期較長，從項目的市場機會研究到取得土

地再到項目產品銷售，需要一個較長的時間過程。因此，房地產的供給量在短期內難以發生大的變動，也就是說房地產市場短期內缺乏供給彈性。

另一方面，由於每個項目的位置等具體因素不同，使得房地產具有異質性。同時，由於土地的不可再生性和稀缺性，導致房地產市場難以形成統一的競爭性市場，從總體上看競爭激烈，但從局部市場來看卻很容易形成寡頭壟斷。

一個城市雖然有大量的房地產開發商，但他們卻並非在同一市場上進行競爭，銷售定價採取價格領袖制，本質上形成了合謀和壟斷。

2.1.1.2 市場交易的複雜性

房地產交易標的額大、手續複雜、程序多，從時間上來講，交易完成的時間週期較長。

房地產商品兼具投資品和消費品的特性，一套房屋的價值較大，一個普通家庭需要積攢多年收入，甚至還需向銀行按揭貸款才能購買。對於一般老百姓，一生當中可能只有一次或少數幾次購房行為。因此，購房對於一般家庭而言，是一項重大決策，需要經過多次看房、與售樓員溝通、不同項目和產品比較、家庭討論的過程，從購房需求產生到最終完成購房合同的簽訂是一個較長的週期。

由於房地產商品的價值量大，為最大限度地降低買賣雙方的風險，政府對於房地產交易方面有較多的規定，要走的程序也較多。在購房合同簽訂方面，政府制定有格式合同；購房合同簽訂後，要在政府主管部門的網上進行合同備案；房屋建設完成後，政府要進行項目綜合驗收備案；之後，開發商才能把房屋交付給購房者；後續辦理不動產證。

2.1.1.3 市場需求的地域性

房地產的不可移動性決定了項目只能就地開發和使用，這就導致房地產市場需求的地域性。

拋開純粹的投資客和投機客，即在正常情況下，一個房地產項目的目標客戶主要集中在項目所在地的居民、周邊的農民以及外來務工者。這與普通商品形成鮮明的對比，就普通商品而言，其市場是全國性的，甚至是全球性的，而不會局限於某一個城市。

另外，就房地產項目所在的具體城市而言，其市場需求還具有片區性。某個項目的主要潛在客戶集中在項目周邊區域或者項目所在的城市軌道交通或快速路的沿線。

2.1.1.4 產品價格與項目區位的密切性

拋開大的市場環境，對一個具體的房地產項目而言，對其價格影響最大的就是項目所處的區位。

房地產項目地塊選定後，其區位狀況就固定下來。項目與周邊重要場所的距離、交通狀況、周邊環境以及公共配套設施等，就形成相對的穩定狀態。這就使得每個房地產項目具有獨特的自然地理位置和社會經濟位置，從而造成不同的項目之間具有區位優劣之分。

對於那些區位好的項目，在銷售時就可以制定相對高的價格。對於那些區位不太好的項目，如離城市中心區較遠、周邊配套設施不完善、周邊環境差等，要想賣出較高的價格就比較困難。

2.1.1.5 預售制度下導致的交易對象的非現貨性

中國實行商品房預售制度，項目在尚未建成、但滿足預售條件的情況下，即可向社會公眾進行銷售。

而一般商品大部分都是現貨交易；並且，交錢之前還得驗貨，對標的物進行檢查，當場確認產品的合格性。

一手商品房交易過程中，購房者買的一般都是期房。大多數情況下，在購房時還不能看到現房，購房者只能在開發商的售樓部看到項目的沙盤模型，以及各種設計展示資料；在開發商建設有樣板間的情況下，購房者通過樣板間想像未來自己房屋的情況。一般情況下，購房者簽訂購房合同並按約定支付相應房款後，需要再等一段時間，待項目施工完成後才能看到所購買房屋的實物。

2.1.1.6 受政府調控的影響大

由於房地產牽涉到廣大老百姓的切身利益，部分城市房價上漲過快，超出普通民眾的承受能力。對於房價上漲過快的城市，政府會採用各種手段對房地產市場進行調控，遏制其快速上漲勢頭。

政府對房地產市場進行調控時，經常從需求和供給兩端進行。

政府從需求端採取的調控措施主要有：①實行限購。對於投資性購房較多的城市，在 2010 年以後，限購政策經常被使用。要求擬購房人在該城市必須有戶口或者交納一定時間的社保才具備購房資格，且限制一個家庭在該城市的商品房總套數。②實行限貸。對於一個家庭已有一定套數住房的情況下，不予發放商品住房按揭貸款。同時，對於第二套以上住房提高首付款比例和貸款利率。甚至，在特殊情況下，對於首套住房也提高首付比例和降低貸款優惠力度。③實行限售。部分城市為防止投資性、投機性購房，實行限售政策，要求購房者在交房並取得不動產證一定年限後才能對該套房屋進行轉手出售。④實行稅收手段調節。政府針對不同情況，採取不同的稅收政策，影響商品房轉讓環節的稅務成本，對房地產市場進行調節。經常涉及的稅種主要有營業稅（現改為增值稅）、契稅、個人所得稅等。

政府從供給端採取的調控措施主要有：①調節土地供應。這其中包括調節土地供應數量和方式，調節供地方式方面，可以將競價拍賣方式調整為限價拍賣等。②改變房屋預售條件。正常情況下，不少城市均採取「±0」進度預售制，調控時經常進一步提高預售條件。③對開發商的預售備案價格進行管理。開發商進行預售前，要將擬預售的每套房源價格報政府房管部門備案，房管部門經常根據調控需要來調節價格備案工作。

2.1.1.7　市場走勢受預期影響大

由於房地產具有投資品的特性，很多情況下購房者的購房動機是期待房地產的增值，獲取投資增值收益。與股票市場一樣，房地產市場走勢受預期影響大，「追漲」現象嚴重。越是預期價格上漲，民眾對房地產的購買慾望就越強，房地產市場就越呈現上漲趨勢。

並且，目前為止，中國的房地產市場基本處於上升通道中，只有很少的時期處於暫時性的房價下跌階段。中國老百姓還未受到房地產市場大幅下跌所帶來房產價值縮水的深刻教訓，在一般老百姓的認識中，中國的房地產市場處於「長期牛市」中。

為此，在房價上漲過快時，政府也經常請專家出面，對房地產市場進行理性分析，為非理性快速上漲潑一瓢冷水，引導民眾的預期。

2.1.2 房地產產品及房地產項目的特徵

房地產項目開發完成後，形成房地產產品進行銷售，房地產產品的特性與房地產項目的特性存在較大的關聯性。

2.1.2.1 房地產產品的特性

房地產作為一種特殊的商品，由於其不可移動，導致其與一般商品相比，具有獨特的一些特性。

房地產產品的特性可以總結為十大方面[67]：

（1）不可移動。房地產屬於不動產，是與土地連接在一起的。房地產一旦建成，就不可移動。這是房地產作為商品區別於其他普通商品的一個重要特徵。由於房地產不可移動，人們要變換居住地方時，一般會在新的居住地購置新的房地產，而將原居住地的房地產轉手出讓。

（2）獨一無二。由於不同房地產項目所處的區域、地形、地貌不同，房屋的位置、坐向、樓層、戶型不同，使得每一套房屋都具有獨一無二性，都有其自身的特點。

房地產的獨一無二特性，使得房地產之間不能完全替代，因而房地產市場也不是完全競爭市場。

（3）壽命長久。現在，我們建造的房屋基本都是鋼筋混凝土結構或者鋼結構，這些建築材料和結構形式使得建築物具有較長的使用壽命，長達幾十年、上百年。另外，即使因使用時間過長，建築物出現一些小的問題，還可以進行修繕，延長其使用壽命。

在現代中國，大部分建築物拆除是經濟壽命的原因，為了土地的更好利用或更高價值，而不是由於使用壽命到了被拆除。

（4）供給有限。由於房屋建造在土地上，是以土地存在為前提的。而土地面積是有限的，地球大部分為海洋所覆蓋，並且陸地上適合人類居住的面積也是有限的；除了建造房屋以外，還必須留下適宜耕種的土地種糧食、蔬菜、瓜果供人類食用。因此，能用於房地產開發的土地數量是有限的，導致房地產的供給也是有限的。

（5）價值量大。房地產作為投資品、耐用品，成本高、價值量大。尤

其在中國的一線城市，商品房的每平方米單價達到數萬元甚至 10 多萬元，對於普通工薪家庭，需要舉全家之力，花費多年積蓄才能實現購房的願望。以房價收入比來看，合理的房價收入比在 4~6，但中國的一線城市早就超過了 10，房價偏高。

（6）用途多樣。大部分土地就其本身來看，用途很多，可以用於農業、林業、養殖、工業、居住、旅遊、文化、商業、辦公等。在不同的用途中還可以分為不同的利用方式，如居住用途可以分為普通住宅、別墅；可以用作商品房、廉租房、經濟適用房等；可以修建高層建築，也可以修建多層建築。

（7）相互影響。房地產的相互影響性是指其價值受項目周邊物業，城市基礎設施及周邊環境、配套情況的影響；反過來，房地產項目的開發又會對周邊的物業價值產生影響。可以看到，地鐵、學校、醫院、公園等的修建，會給周邊的房地產項目帶來增值，而變電站、垃圾收集站等的修建卻會影響周邊房地產項目的品質；大型商業房地產項目的開發又會對周圍的其他物業帶來價值提升作用。

（8）易受限制。房地產由於不可移動、相互影響，並且土地是國民經濟生產不可或缺的重要要素。因此，房地產具有易受限制的特性。首先，它受到政府的限制。政府通過規劃對房地產的開發、使用進行限制。在特殊情況下，政府還可以進行徵收或徵用。其次，它還受到鄰近建築物的限制，由於相鄰權、地役權等存在，房屋的使用也是有限制的。

（9）難以變現。房地產屬於不動產，無法移動，且價值量大，並具有獨一無二等特性，再加上房地產買賣手續複雜、程序較多，使得房地產難以快速變現。與一般的金融資產相比，房地產的流動性較差。當房主要賣房時，大多需要借助房地產仲介，經過一個合理的較長時間才能成交。

（10）保值增值。在成熟的房地產市場上，雖然存在短暫性的房價下跌階段。但從長期來看，房地產價格是上漲的。也就是說，房地產具有保值增值特性。尤其是從中國房地產市場來看，增值特性表現更明顯；在部分城市，10 多年的時間內，房價也漲了 10 多倍乃至幾十倍。

房地產的保值增值特性主要是由土地資源的不可再生性和有限性決定的。

房地產的這些特性，需要在開發過程中引起重視，對症下藥，才能使項目開發成功。

2.1.2.2 房地產項目的特性

房地產項目具有一般建設項目所具有的特性，場地不可移動、現場生產，對工期、質量、安全、成本有嚴格要求。除此之外，房地產項目還具有其獨特的一些特性。

（1）以土地獲取為基礎。房地產開發商實施房地產項目首先要取得土地，才能進行後續的開發工作。且房地產項目的土地性質必須為建設用地，非建設用地不能用於房地產開發。中國的建設用地屬於國家所有，個人及相關組織只能取得土地使用權。除了以前取得的存量土地，開發商要取得土地一般需要通過招拍掛的方式來實現。

（2）資金密集型，對資金需求大。房地產項目投資量大，一個項目的總投資額動輒上億元、幾十億元，甚至上百億元，屬於資金密集型。並且，大部分房地產項目所需的資金一般都通過各種方式依靠融資解決，開發商完全依靠自有資金進行項目開發的較少。在中國的房地產預售制度下，房地產開發商通過預售回收資金用於項目的後續建設，實現滾動開發也是開發商籌集資金的一個重要手段。

（3）智力密集型，具體工作外包。房地產項目還是智力密集型，開發商主要負責管理、協調工作，土地取得後，具體的工作基本都外包給專業的企業來完成。房地產項目的工程設計外包給設計院，工程建設外包給建築商，監理工作外包給監理公司，銷售工作外包給銷售代理公司（少部分開發商自行組織銷售）。開發商做的主要是管理工作，協調好承包商、設備、材料、服務供應商之間的關係，使項目能有序、高效運行，並適時根據市場及環境的變化對項目進行優化和完善，開發商做的是各種管理的集成。

（4）以實現經濟效益為主要目標。大部分的工程建設項目，尤其是國家出資建設的項目，經濟效益只是項目立項時考慮的因素之一，更多情況下是將社會效益放在更重要的地位，如鐵路、高速公路、市政道路、水利工程、機場、公立學院、公立醫院、政府辦公樓等，都是主要基於社會效

益而建設。但房地產項目卻不一樣，企業開發一個房地產項目是基於經濟效益，希望獲取較高的投資回報。

房地產項目的這些特性尤其是資金密集型特性，以及信託相較於銀行的制度優勢，使得房地產項目向信託尋求融資支持的較多。

2.2 房地產信託的內涵、類型及特徵

2.2.1 房地產信託內涵及類型

房地產信託是中國信託公司的重要業務之一，也是信託公司的重要利潤來源。

2.2.1.1 房地產信託的內涵

中國信託業協會對房地產信託的定義為[68]：房地產信託業務，是指信託公司以委託人的身分，通過單一或集合信託形式，接受委託人的信託財產，按照委託人的意願以自己的名義，為收益人的利益或特定目的，以房地產項目或其經營行為為主要運用標的，對信託財產進行管理、運用和處分的經營行為。

通俗地說，房地產信託是信託公司向房地產開發項目提供融資的一種信託行為，只要資金通過信託產品的形式用於房地產項目，即視為房地產信託。

2.2.1.2 房地產信託的類型

房地產信託根據不同的標準可以劃分為不同的類型。

（1）根據信託產品投資者的數量進行分類

根據信託計劃委託人的數量可以將信託產品分為單一資金信託和集合資金信託。如果一個信託計劃的資金全部來自一個委託人，則稱該信託計劃為單一資金信託計劃；否則，為集合資金信託計劃。

房地產信託同樣根據委託人數量分為單一資金房地產信託和集合資金

房地產信託。

由於單一資金信託計劃委託人只有一個，信託公司完全按照單一委託人的指令管理、運用、處分信託財產，信託公司處於被動管理地位。即使項目出現風險，風險也是由單一委託人自己承擔，信託公司承擔的責任較小。通常也將此類業務稱為信託公司的「通道」業務。鑒於此類信託項目風險基本不由信託公司承擔，此類項目不納入本書研究的範圍。

集合資金信託計劃的委託人在2人及以上，信託公司要承擔主動管理責任。如果項目出現風險，信託公司可能需要承擔由風險帶來的損失。這類項目是本研究關注的重點。

本書中討論的房地產信託均局限於集合資金房地產信託。

（2）根據信託資金對房地產項目是債權還是股權進行分類

根據信託資金對於房地產項目而言是債權性質還是股權性質，可以將房地產信託分為融資類信託和股權投資類信託。如果信託資金是以債權方式進入項目公司，則稱為融資類房地產信託；如果信託資金以股權性質進入項目公司，則稱為股權投資類房地產信託。

融資類房地產信託在現實中還有兩種具體的形式：一種是信託資金直接以債權方式進入項目公司；另一種是「明股實債」形式，雖然表面上信託資金以股權形式進入項目公司，但信託公司與房地產開發商事先簽訂了到期回購協議，信託資金獲取固定回報，並不承擔項目開發的風險。按照信託行業慣例，對於「明股實債」的項目，將之歸類於融資類信託。

對於股權投資類房地產信託，信託公司對房地產項目是真正的股權投資，與開發商風險共擔、利益共享。並且，一般情況下，信託公司對這類項目提供融資時大多採取「股+債」的模式，除了股權投資以外，還會對項目提供債權融資，以充分滿足項目的資金需求。由於債權融資部分與融資類房地產信託基本相同，因此，本書在分析股權投資類房地產信託時，主要關注信託公司股權投資部分，研究信託公司以股東身分實施房地產信託項目的相關問題。

2.2.2 房地產信託的相關方

房地產信託直接的相關方主要有信託公司、房地產開發商、信託產品投資者以及金融監管機構。間接相關方涉及多個行業和方面，本書不予討論。

2.2.2.1 信託公司

根據原中國銀行業監督管理委員會令 2007 年 第 2 號頒布的《信託公司管理辦法》，對信託公司的定義為[69]：依照《中華人民共和國公司法》和本辦法設立的主要經營信託業務的金融機構。其中，對信託業務的定義為[69]：指信託公司以營業和收取報酬為目的，以受託人身分承諾信託和處理信託事務的經營行為。

信託公司首先是公司，具有一般公司應該具有的特性。信託公司具有法人特性，按現代企業制度運行，並以盈利為目的。

其次，信託公司是一種特殊的公司，實行牌照許可。信託公司的設立比一般公司的設立條件嚴苛得多，除了一般公司設立所要求的註冊資金、辦公場所、人員等條件以外，根據《信託公司管理辦法》：設立信託公司，應當經中國銀行業監督管理委員會批准，並領取金融許可證[69]；同時，還必須有具備中國銀監會規定的入股資格的股東。因此，信託公司可以說是政府特許經營的公司。信託公司的成立門檻很高，這也是至 2016 年底，中國只有 68 家信託公司的原因所在。

最後，信託公司的經營行為受到相關金融法規的制約並受銀監部門的監管。由於信託公司是持金融牌照的非銀行金融機構，某種意義上講有國家信譽在其中。因此，信託公司開展業務除了要符合一般法律法規的要求，還需要遵守中國金融方面的相關法律法規，尤其是與信託相關的「一法三規」，即《中華人民共和國信託法》《信託公司管理辦法》《信託公司淨資本管理辦法》以及《信託公司集合資金信託計劃管理辦法》[70]。同時，銀保監會作為信託的監管機構，對信託公司開展業務進行窗口指導和監督檢查，將國家的相關金融政策和監管意圖貫徹到信託公司的業務中。

2.2.2.2 房地產開發商

房地產開發商是房地產信託項目的重要相關方，房地產信託項目主要依賴開發商對項目投入資金、管理等各種資源，形成可銷售的房地產產品，並將之以合理價格銷售出去，回收投資、實現項目利潤，各方目標才能實現。

《中華人民共和國城市房地產管理法》對房地產開發企業的定義為：以盈利為目的，從事房地產開發和經營的企業。我們經常將房地產開發企業稱為房地產開發商。

房地產開發企業的設立與一般企業相比，在某些方面有一些特殊的條件，但總體來講，其設立比較簡單。

1. 房地產開發企業的資質管理

根據 2015 年 5 月修訂的《房地產開發企業資質管理規定》，房地產開發企業實行資質分級管理，資質分為一、二、三、四級，以及暫定資質。一般情況下，新設立的房地產開發企業申請暫定資質，隨著開發業績的累積和註冊資本金及專業人員的配置到位，企業可以申請資質逐級升級，直至升至一級開發資質。一級開發資質由住房和城鄉建設部核發，二級及以下開發資質由企業所在省的住房和城鄉建設廳核發。

一級開發資質的房地產企業，其開發地域及承擔開發的項目規模不受限制。一級開發資質的房地產企業可以在全國各地進行房地產項目開發，並且其擬開發項目的規模無上限。申請一級開發資質，企業應從事房地產開發經營 5 年以上，近 3 年開發完成累計竣工房屋建築面積 30 萬平方米以上，且上一年施工房屋建築面積 15 萬平方米以上。

二級開發資質的房地產企業只能在本省內進行房地產開發，且只能承擔建築面積 25 萬平方米及以下的項目開發。申請二級開發資質，企業應從事房地產開發經營 3 年以上，近 3 年開發完成累計竣工房屋建築面積 15 萬平方米以上，且上一年施工房屋建築面積 10 萬平方米以上。

三級開發資質的房地產企業只能承擔建築面積 10 萬平方米及以下的項目開發。申請三級開發資質，企業應從事房地產開發經營 2 年以上，開發完成累計竣工房屋建築面積 5 萬平方米以上。

四級開發資質的房地產企業只能承擔建築面積 3 萬平方米及以下的項目開發。申請四級開發資質，企業應從事房地產開發經營 1 年以上。

2. 反應房地產開發商綜合實力的相關指標

房地產開發商的綜合實力如何對於房地產信託項目的成功與否影響較大，綜合實力強的房地產開發商能夠在較大程度上降低信託公司的風險。

反應房地產開發商綜合實力的指標主要有如下幾個。

（1）開發資質等級。房地產開發商的開發資質等級可以在一定程度上反應開發商的綜合實力；並且，按照銀監會的監管要求，禁止向二級以下資質開發商的項目發放項目貸款。

（2）規模指標。反應開發商規模的指標主要有銷售合同額和營業收入。銷售合同額是指開發商當年銷售出去、簽訂購房合同的合同總金額。由於中國房地產行業實行預售制，營業收入相對於銷售合同額有一定的滯後性。開發商當年竣工並交付給購房者後計入財務收入的金額即為當年的營業收入。某種意義上來看，銷售合同額比營業收入更能體現開發商的規模實力。

（3）盈利能力指標。反應房地產開發商盈利能力的有很多指標，如利潤總額、淨利潤、投資回收期、內部報酬率等。但是，銷售淨利潤率卻更能全面反應房地產開發商的盈利能力。銷售淨利潤率＝（項目的淨利潤/項目總銷售合同額）×100%。

2.2.2.3 信託產品投資者

信託公司要開展信託業務，在尋找到合適的信託項目後，必須能籌集到信託資金，將籌集到的資金融給資金需求者，信託項目才能實施。信託籌集資金的對象就是信託產品投資者。

信託產品投資者包括個人投資者和機構投資者，兩者均須為合格投資者。合格投資者應符合以下條件[71]：能夠識別、判斷和承擔信託計劃相應風險，資產超過一定規模。

1. 機構投資者

機構投資者既是信託產品的重要投資者，也是信託公司的重要客戶。只要投資金額在 100 萬元及以上的機構都可以稱為信託的機構投資者，但

信託公司最常見的機構投資者主要是銀行，保險公司，基金（包括公募和私募），券商，信用合作社，社保基金、退休基金的管理者等。

2. 個人投資者

個人投資者也是信託公司資金的重要來源，個人投資者都是自然人。對於單個信託計劃，個人投資者的數量不得超過50人。

信託產品投資者購買信託產品是基於對信託項目和信託公司的信任，某種程度上講，更多的是基於對信託公司的信任，因此信託公司應維護好自己的聲譽、建立自己的品牌，在投資者心目中樹立良好的形象。

2.2.2.4 金融監管機構

前面提到，信託公司屬於持特許牌照經營的金融機構，其信託業務的開展並不等同於普通的一般商業行為，關係到國家的金融安全、金融政策的貫徹，對社會也具有較大的影響。因此，從政府層面，應對信託公司及其業務進行監管。

中華人民共和國成立以後至1984年以前，中國沒有現代意義上的金融監管。

1984—2003年，中國人民銀行行使中央銀行職能，對相關金融行業實施監管。這個時期，中國人民銀行的金融管理工作主要採取行政手段。

2003年4月，中國銀監會正式掛牌，銀行業金融機構的監管工作均移交至中國銀監會。此後，中國的銀行業監管走向規範化、專業化，信託也就一直受銀監會的監管。

在中國銀監會內部，專門有一個部門叫非銀行金融機構監管部，負責對信託公司等非銀行金融機構的監管。

為保證監管到位，中國銀監會在省、市實行派出機構制，在省、市設立銀監局。銀監部門對信託公司的監管實行屬地監管與指導協調相結合的雙層機制，中國銀監會與其派出機構在其相應權限內開展監管工作。對於日常監管實行屬地負責制，對於行政准入事項實行分層授權和集中審批結合。

信託公司註冊地銀監局對信託公司營運全過程實施持續性的日常監管，監管的依據主要是「兩法三規」。兩法即《中華人民共和國信託法》

和《中華人民共和國銀行業監督管理法》，三規即《信託公司管理辦法》《信託公司集合資金信託計劃管理辦法》以及《信託公司淨資本管理辦法》。同時，銀監會及中國人民銀行下發的相關文件也是監管的重要依據。除此之外，銀監部門還對信託公司實行窗口指導。

2.2.3 房地產信託的特徵

房地產信託具有一般信託業務的特徵，有委託人、受託人、受益人，不得有相關的禁止性行為。除此之外，因與房地產相聯繫，房地產信託還具有以下兩個重要特徵。

1. 向信託融資的開發商以民營企業居多

向信託公司尋求融資支持的房地產項目，其開發商大多為民營企業。

與向銀行融資相比，信託資金成本要高出不少。銀行對房地產項目進行項目貸款，大多實行基準利率或適當上浮。2017年上半年銀行貸款3～5年的基準利率為4.75%，而企業向信託的融資成本大多在年10%左右；在2012年、2013年，房地產信託融資成本甚至高達年20%左右。由此可見，信託融資成本遠高於銀行貸款利率，房地產開發商只有在向銀行融資無法實現的情況下，才會尋求信託的支持。

在房地產開發企業中，國有背景的房地產開發商比較容易在銀行融到所需資金。而民營企業由於其資信水準相對於國有企業要低，銀行對民營企業的信任度要低得多，民營企業要在銀行融資比國有企業困難得多。

因此，房地產信託項目的開發商大部分為民營企業。

2. 融資行為多發生在「四證」齊全之前

房地產開發項目貸款辦理手續較為嚴格，需要取得「四證」，即「國有土地使用權證」「建設用地規劃許可證」「建設工程規劃許可證」「建築工程施工許可證」。這一要求，扼殺了不少房地產項目的融資需求。

而中國實行商品房開發預售制度，大部分城市在工程建設達到「±0」時就可進行預售。由於以下兩方面原因，房地產項目最需要資金的時間是在「四證」取得之前，尤其是購買土地時：①邊施工邊辦理相關證書手續

的現象較為常見，到房地產項目取得「四證」時，房地產項目的開發進度已快達到預售條件；②房地產項目開始預售後，開始有持續不斷的資金流入。

因此，房地產信託項目所融資金實際上主要用於土地的購置以及項目預售前的各項稅費繳納和工程設計、建設費用支出。真正到房地產項目取得「四證」時，項目已具備（或快具備）預售條件。房地產開發商可以將項目預售獲取的資金進行項目再投入，進行項目的後續開發建設；銷售好的項目，開發商甚至可以回收大量資金，除了用於項目後續開發建設外，還可以實現項目以前投資的回收。

這兩個特點導致民營企業的房地產項目比一般國有房企的房地產開發貸款項目（具備條件）風險性更大，需要信託公司在選擇項目時更謹慎。

2.3　房地產信託的發展情況

房地產作為國民經濟的重要組成部分，即使在受國家調控的時段，房地產開發投資也呈每年遞增的態勢。但是，新增房地產信託在2013年達到頂峰，之後開始逐年降低。說明通過信託籌集資金對於房地產開發而言，其重要性在逐漸降低。

2.3.1　房地產信託在信託業務中的地位

雖然從2013年開始，房地產信託的總量達到頂峰後開始下降，但房地產信託在信託公司中一直扮演重要的角色，尤其是對信託公司的利潤做出了較大貢獻。

2.3.1.1　房地產信託業務的規模及占比情況

根據國家統計局和中國信託業協會的統計，2011—2016年中國房地產開發投資及房地產信託業務的數據如表2-1所示。

表 2-1 2011—2016 年中國房地產開發投資及房地產信託業務的數據

內容	2011 年	2012 年	2013 年	2014 年	2015 年	2016 年
房地產開發投資（億元）	61,740	71,804	86,013	95,036	95,979	102,581
信託資產規模（億元）	48,114	74,705	109,071	139,799	163,036	202,186
房地產信託規模（億元）	6,882	6,881	10,337	13,095	12,877	14,295
新增信託投向房地產（億元）	3,704	3,161	6,848	5,471	5,386	7,327
房地產信託規模占信託資產規模的比例（%）	14.30	9.21	9.48	9.37	7.90	7.07
房地產信託規模占房地產開發投資的比例（%）	11.15	9.58	12.02	13.78	13.42	13.94
投向房地產的新增信託占房地產開發投資的比例（%）	6.00	4.40	7.96	5.76	5.61	7.14

數據來源：中國統計局網站、中國信託行業協會網站

從表 2-1 可以看出，房地產信託規模的絕對值在 2014 年達到高值，2015 年出現下降，2016 年達到最高值；新增信託投向房地產的絕對值在 2013 年達到一個峰值，2014 年、2015 年連續下降，2016 年再次達到最高值。其占房地產開發投資的比例亦呈同樣的變化趨勢。絕對值和比例的變化情況說明房地產信託的增速從 2013 年開始出現下降趨勢。

而對於整個信託行業而言，在此期間，信託資產規模卻在逐年遞增。從表 2-1 可以看出，房地產信託在信託業務總量中的占比大體呈現逐年下降的趨勢，與信託行業總體發展趨勢不符。

房地產信託業務存量在 2014 年和 2015 年出現下降，主要與三個因素有關：①與國家對房地產行業的調控有關。自 2013 年開始，國家針對房價上漲過快採取多種調控政策，在需求端進行限購、限貸等措施，在供給端減少土地供應，導致新上房地產項目減少。②與房地產市場發展的內在規律有關。當一個國家的房地產市場發展到一定階段以後，增量房地產市場將退出主導市場，變成以存量市場為主。美國早在多年以前，存量房地產市場就已占總體市場的 90%以上。中國部分城市，也出現了此類現象，從 2017 年開始，全國存量房地產市場已超過增量房地產市場。③與信託公司

未能及時調整房地產信託業務模式有關。信託公司以前的房地產信託業務主要服務於房地產增量市場，對存量市場參與很少。在房地產增量市場逐步萎縮、存量市場逐步增長的背景下，信託公司未能及時調整業務模式，主動為存量房地產市場服務，業務未跟進。

雖然，房地產信託業務存量2014年和2015年出現下降，但絕對值還是較大。2011—2016年，投向房地產的新增信託資金小計3.19萬億元。

2.3.1.2 房地產信託的收益

截至2017年6月底，中國最後一次加息時間為2011年7月7日，從2012年6月開始，步入降息通道；至2015年8月26日（截至2017年6月的最後一次降息），通過6次降息，貸款基準利率從6.56%降至4.85%，降低了1.71%。房地產信託收益從2011年7月的9.83%降至2016年8月的6.88%，降低了2.95%。具體降息情況如表2-2所示。

表2-2　　　　　　　自2012年6月8日以來的降息情況

降息時間	2011.7.7	2012.6.8	2012.7.6	2014.11.22	2015.3.1	2015.5.11	2015.6.28
降息後利率（%）	6.56	6.31	6	5.6	5.35	5.1	4.85

數據來源：中國人民銀行

並且，在此期間，房地產信託收益率在2015年第三季度以前一直較為平穩，從2015年第三季度開始大幅度下降。從2013年第一季度至2016年第二季度的每季度房地產信託收益情況如表2-3所示。

表2-3　2013年第一季度至2016年第二季度房地產信託收益率變化情況　單位：%

2013年				2014年				2015年				2016年	
1Q	2Q	3Q	4Q	1Q	2Q	3Q	4Q	1Q	2Q	3Q	4Q	1Q	2Q
9.75	9.33	9.47	9.61	9.68	9.72	9.65	9.88	9.63	9.64	9.21	8.51	8.08	7.35

數據來源：用益信託網

從表2-2和表2-3可以看出，從2015年第三季度開始，貸款基準利率未再下降，但房地產信託收益率卻從9.64%降到了6.88%，降低了2.76%。這就表明，房地產信託收益的降低不單純受貸款基準利率下調的

影響，更多地受其他原因的影響。

表 2-3 列示的是信託公司支付給信託投資者的收益率，但是信託公司向房地產開發商收取的融資成本卻遠高於表 2-3 所列數據。以 2016 年第二季度為例，信託公司支付給投資者的信託收益率為 7.35%，但信託公司收取房地產開發商的融資成本一般在 10% 以上。

從信託資金投向來看，投向房地產的資金所收取的融資成本均比其他行業高，為信託公司的利潤作出了較大貢獻。

2.3.2 房地產信託發展過程中存在的問題

房地產信託業務為信託行業近 10 年的高速發展提供了強大的助力，但房地產信託在其發展過程中也逐漸出現了一些問題，需要信託公司引起重視。

2.3.2.1 信託公司對房地產信託項目主動管理不夠

信託公司應該對房地產信託項目配備足夠的人員和其他資源，加強對房地產信託項目的管理，以防止風險發生，保證信託計劃按時兌付。

由於各種原因，信託公司對房地產信託項目的主動管理做得很不到位，有些甚至對資金在項目封閉運作都很難實現，對房地產信託項目的管控力很弱，房地產開發商的隨意性很強，導致項目失控，甚至出現風險。

2.3.2.2 房地產信託項目「明股實債」模式受到挑戰

房地產信託項目中，在「四證」取得之前，信託資金需要以股權形式進入房地產項目。通常的做法是，在信託資金以股權形式進入的同時，信託公司會與房地產開發商簽訂股權遠期回購協議，約定在信託計劃期滿時，房地產開發商以雙方事先約定好的價格收購信託公司持有的項目公司股權。對於信託公司來講，名義上是股權投資，但收取的是固定報酬，實質上是債權融資。

2016 年的新華信託—湖州港城案司法判例，對信託「明股實債」模式提出了挑戰。2011 年 6 月 21 日，新華信託發行集合信託計劃向港城置業的湖州凱旋國際社區項目提供 2.5 億元融資，其中部分資金用於收購港城置業 80% 的股權，對於股權部分，新華信託與港城置業簽訂了相關協議，

按信託業內通常的「明股實債」模式處理。但當信託計劃到期時，港城置業只能兌付部分信託本息，並申請破產清算。2016年3月，新華信託向法院提起訴訟，主張信託資金「明股實債」，屬於債權性質，應優先於股權清償。湖州市吳興區人民法院於2016年11月判決，否定了新華信託的「明股實債」訴求，認定為股權投資。這一判例成為信託「明股實債」融資模式的一個里程碑事件，提醒信託公司以後採用「明股實債」模式開展業務時要特別慎重。

2.3.2.3 房地產信託項目風險顯現

隨著房地產市場的發展，中國房地產的「暴利」時代已經過去，房地產行業的利潤水準正在向社會平均利潤水準靠近。過去那種拿到土地就能掙錢的時代已經過去，房地產項目能否盈利越來越與開發商的綜合實力密切相關。

從2014年開始，隨著國家對房地產調控的深入，房地產信託的風險也開始顯現。

房地產信託產品有固定期限，一般為2年，少數為3年。按照國內長期的信託慣例，到期需要剛性兌付；即使以後打破剛性兌付，信託公司從自身聲譽和可持續發展出發，更要保證項目不出風險，從而保證投資者本息的按時回收。

受前幾年房地產市場整體不景氣的影響，房地產信託項目實際銷售情況不及預期，導致房地產信託項目出現風險。

房地產信託項目的風險表現在以下三個方面：

一是項目流動性風險。項目流動性風險即在信託產品需要兌付時，項目銷售進度未及預期，資金回收不夠，流動性短缺，導致無法兌付。

二是項目終極風險。由於市場低迷，項目最終利潤值低於預測值甚至出現虧損，無法歸還信託資金本息。

三是項目資金外流風險。有時雖然房地產信託項目本身沒有大的問題，但由於信託公司監管不到位、融資方不誠信等原因，出現項目資金外流，導致信託產品到期時無法兌付。

從2014年底開始，上述三種風險在相關信託公司相繼出現，造成了一

些不良社會影響,也對房地產信託的發展形成了一定的阻礙。

2.3.3 房地產信託的發展趨勢及方向

中國正處於城市化高速發展的階段,中國房地產行業在今後較長時期內還面臨較好的發展機遇。並且,雖然房地產行業的利潤水準逐漸在向社會平均利潤水準靠攏,但在今後一段時期內仍將高於社會平均利潤水準。因此,信託公司仍應將房地產作為業務重點發展的領域,不應放棄。

中國的房地產市場及社會環境正在發生較大的變化,信託公司要想做好房地產信託業務,使其在房地產開發投資中佔有更大的比重,促進房地產信託業務下一步持續、健康發展,需要分析環境、轉變觀念、創新管理。

2.3.3.1 將存量房地產市場作為下一步業務發展的重要方向

城市承載力是有限度的,城市中的房地產開發也是有限度的。當發展到一定階段,一個城市就不再需要大量進行房地產開發,而是需要做好存量房地產的優化、盤活、改造工作。

以二手房流通為核心,已經成為中國房地產市場非常重要的一部分。中國的不少城市,已經進入存量房交易為主的市場。中原地產研究中心統計數據顯示[71]:2016年北京二手房住宅簽約267,860套,刷新歷史年度紀錄,二手房在住宅成交總量中的比例進一步上升。2009年之後,北京二手房成交占比在70%上下浮動,2015年占比達到78.5%,2016年高達85%。除北京以外,上海、深圳、廣州一線城市,以及杭州、武漢、成都等二線城市也已進入存量房時代。

隨著一二線城市由新房時代向存量房時代轉變,信託公司的房地產業務戰略也應隨之改變,應由以前的只圍繞新項目開發提供融資服務向增量與存量市場並重的思路轉變,重視存量房地產市場中信託公司的業務機會。

2.3.3.2 加強房地產信託項目的主動管理

對於信託公司而言,以前的大部分房地產信託項目都是債權型融資,信託公司放款後就很少參與項目的管理,對於在項目開發過程中碰到的問

題、進展情況缺乏第一手資料，一般是通過開發商的書面匯報來瞭解情況。這種背景下，開發商對於開發過程中出現的不利因素能瞞則瞞，揀好的方面報告給信託公司，造成信息不對稱。直到信託產品兌付期限臨近，資金無法按約定歸集時，信託公司才能發現項目出現問題，此時為時已晚。

因此，為加強對房地產項目的把控，信託公司需要對房地產信託項目實施主動管理，以達到以下三方面的目的：

第一，及時瞭解項目狀況，降低信息不對稱程度。

第二，深入參與項目，為項目收益最大化建言獻策。

第三，保全信託財產，避免開發商的機會主義行為。

2.3.3.3 變「明股實債」為真正的股權投資

在當前中國房地產預售制度下，房地產項目對於信託資金的需求主要是用於土地購置及達到預售條件前的相關投入。因此，以前的房地產信託項目中，信託公司在形式上對不少項目都採用了股權投資或者信託收益權轉讓的形式，在一定時期內，信託公司對於房地產標的項目公司具有控股地位。但是，實際上信託公司在房地產項目中並非真正的股權投資，而是「明股實債」。開發商或第三方回購或收購信託公司在項目公司的股權時，股權價格為「本金+事先約定的利息」，信託公司並不承擔項目的風險，相應地也不分享項目的超額收益。這種「明股實債」的模式並不能調動信託公司的積極性，導致信託公司對於項目開發並不真正關心。

在房地產信託規模逐漸縮小、收益逐漸降低的背景下，信託公司應該真正參與到房地產信託項目的開發中，變「明股實債」為真正的股權投資。對於在項目公司中佔有的股份，按照公司治理要求，真正以股東身分規範項目公司運作，完全站在股東的角度考慮項目相關問題，分擔項目風險，分享項目收益。爭取信託公司收益主要來自項目實現利潤的股東分配，而非固定利率的利息。這也符合房地產開發商的需求，產融雙方實現真正的優勢互補。如果能做到這一步，信託在房地產融資市場競爭中將極大地提高其競爭力。

2.3.3.4 養老地產與養老信託結合

中國正在快速步入老齡社會，幾十年來實行的「計劃生育」政策，造成了目前大量的「4-2-1」家庭結構。這就使得中國延續了幾千年的家庭式養老模式不再符合社會發展的現實情況，須向機構式養老模式轉變。目前中國的養老問題正在顯現，處於觀念轉變期和矛盾集中期。

中國的養老市場前景巨大，不少國內外機構都發現了中國養老產業的市場機遇。信託業在開拓房地產信託業務時，也應聚焦養老地產和養老信託，並盡量將兩者結合。隨著社會的發展和進步以及退休保障體制的健全，人們到一定年齡以後，進入養老機構養老對於不少人來講將成為現實，形成有效需求。因此，在較長時期內，中國養老地產將維持快速發展勢頭，信託公司應將這一房地產細分領域作為展業的一個重點方向。

同時，從信託的本源出發，可以面向有養老需求的老年人設計合適的養老信託產品。一方面解決養老地產的資金需求，另一方面為老年人提供金融和養老服務相結合的養老信託。

2.3.3.5 大力發展房地產信託投資基金

房地產信託投資基金（REITs）在國際上已有較長的歷史，在不少發達國家也已有較大的市場規模。但是，在中國一直雷聲大、雨點小，中間曾一度暫停7年。時至今日，中國發行的真正意義上的REITs也屈指可數。

經過30多年的發展，中國的房地產市場已形成較大規模。REITs在國際上應用廣泛，如能在中國大力推廣，將有助於完善證券市場產品結構、盤活存量房地產，為老百姓提供新的投資渠道。REITs在中國具有廣闊的市場前景，信託公司應將此作為以後一個重要的新業務發展方向，做好前期準備工作，在政策具備、條件成熟時，大力拓展此方面業務，使之成為新的業務規模突破口和利潤增長點。

2.3.3.6 挑選優質交易對手，形成長期戰略合作

中國的房地產行業集中度正在加大，小的房地產開發商生存空間逐漸被擠壓。在開拓房地產信託業務時，信託公司應優選交易對手。首先，信託公司應建立房地產信託項目交易對手的篩選標準，按照標準去挑選交易對手；其次，信託公司應與挑選出的優質交易對手形成長期的戰略合作關

係，經過一次合作後，完善合作模式並將其固化下來，以後合作時即採用固化的合作模式。這樣做，可以實現以下幾方面目的：

①有利於項目風險管理。優選出的交易對手一般實力較強、誠信度較高，履約能力強，項目風險就低。

②有利於降低交易成本。一是降低了談判成本，二是存在信任的基礎，二者均有利於交易成本的降低。

③有利於提高合作效率。由於有固化的合作模式，以後的項目要合作時，可以直接採用固化模式，縮短了項目談判、決策過程，提高了效率。

3 融資類房地產信託項目選擇決策研究

房地產行業較長時期以來一直是中國經濟發展的主要推動力之一，並且，在中國推進城鎮化戰略指引下，房地產行業還有較長的發展期。各信託公司對於房地產行業較為重視，將其作為重要業務板塊，房地產也是信託資金的主要投向之一。截至 2016 年 6 月底，全國房地產信託餘額為 1.31 萬億元，占總信託資產的比例為 7.58%。

因此，做好房地產信託項目的風險管理對於信託公司而言具有重要意義，可以促進信託公司的持續、穩健經營。而風險管理的最重要環節是源頭管控，對於房地產信託項目而言，就是要做好房地產信託項目的選擇。

融資類房地產信託項目出現風險，有些是由於項目實施過程中新出現的突發情況造成的，但大部分是項目選擇時就存在先天不足，實施了本身條件就不是很好的項目。故做好項目選擇對於房地產信託風險管理尤為重要。

3.1 項目選擇決策的現有研究成果總結

從一般項目的選擇來講，研究的成果較多。項目選擇問題研究的一個重要方法是多屬性效用模型，它是 1981 年由 Golabi[72] 等提出的。肖吉軍和紀秉林[73] 2009 年提出了基於目標規劃的項目選擇方法。於超和樊治

平[74]2016年從決策者後悔規避的角度提出了風險投資項目的選擇方法。楊敏等[75]2006年從滿足企業戰略目標出發，提出了基於多因素的IT項目組合選擇模型。張宜松[76]、毛新華[77]、王三木[78]、趙文義[79]均對工程建設項目的選擇問題進行了研究。

目前的研究成果較為豐富，對於房地產信託項目選擇能起到較好的借鑑作用。但是，目前的研究成果也存在以下問題：

（1）未從金融機構的角度進行研究

不同的主體對於同一事件有不同的視角、不同的目標。目前關於項目選擇的研究，基本都是從項目實施者角度進行的，沒有從金融機構的角度進行。金融機構為項目提供融資，最關注的是項目到期能否歸還融資本息，這與項目實施者的決策目標不是完全一樣的，或者說能否順利歸還融資本息只是項目實施者的決策目標之一。

（2）均以資源約束為條件

在目前的研究成果中，基本都是以資源約束為出發點，分析實施者在資源有限的情況下，對多個備選項目進行選擇排序，從多個備選項目中選擇一個或幾個項目進行實施。但對於信託公司而言，資源約束條件並不太明顯，只要其認為項目可行，一般都能募集資金為項目提供融資；而如果認為項目不可行，則即使有較多可用資金，也不會為項目提供融資。

（3）實用性不強

目前的相關研究成果，要麼是定性分析，過於籠統；要麼是定量分析模型過於複雜，很難將這些研究直接應用到實際當中，實用性不強。

本研究擬從信託公司的角度探討房地產信託項目的選擇決策，且主要以項目風險是否可控、融資本息能否按時收回作為決策目標。更為重要的是，擬從實用性方面做出努力，以期為信託公司進行項目選擇決策提供簡單、實用的方法和工具。

3.2 影響信託公司融資類房地產信託項目選擇決策的因素分析

以源頭為重點，從源頭把好項目選擇關，對於融資類房地產信託項目的風險管理具有非常重要的作用。在房地產信託項目選擇時，可以分兩種情況：一種情況是只考慮項目本身，不考慮開發商因素；另一種情況是將作為融資方的開發商綜合實力納入考慮範圍。

3.2.1 單純針對房地產項目本身的影響因素分析

在只考慮項目本身因素、還款主要依靠項目本身的情況下，必須認真分析項目的各項條件和因素，篩選出優質項目。

3.2.1.1 項目所在城市

隨著時間的變化，不同類型城市的房地產市場也隨之變化。某些階段，一二線城市房地產市場上升較快；某些階段，國家對一二線城市房地產進行限購等調控，三四線城市的房地產市場呈現好的發展勢頭。但總體而言，一二線城市（尤其是一線城市）的房地產市場比三四線城市的房地產市場容量更大，市場趨勢向上的概率更高。信託公司在選擇房地產信託項目時，應將一線城市及二線靠前的城市作為優選城市，三四線城市應慎重。

3.2.1.2 項目所在區位

對於房地產項目而言，最重要的就是位置，「位置地租級差」理論對此進行了很好的解釋。對於房地產項目而言，越靠近城市中心區域，正常情況下，項目的客戶目標群越大，項目的銷售速度會越快、售價越高。信託公司在選擇房地產信託項目時，應將區位優劣作為項目選擇的重要標準，對於剛啟動的城市新區項目應慎重。

3.2.1.3 項目周邊配套完善程度

房地產項目具有外部性，其銷售情況受項目周邊配套設施完善程度影響較大。在房地產市場中，我們可以看到學區房、地鐵房、公園房等特定類型的房地產，會吸引特定的客戶群體來購買。所以，包括交通、購物、上學、就醫、餐飲、休閒、娛樂等因素的配套設施完善程度，是信託公司選擇項目時應重點考慮的因素。

3.2.1.4 項目產品類型

按照用途，房地產可以分為工業地產、商業地產、住宅地產、旅遊地產等不同類型。總體來講，住宅地產銷售速度最快；其他類型的房地產銷售週期相對較長，工業地產和商業地產等有時還需要開發商自持較長時間，採取以租代售等各種方式，待市場培育成熟後才具備較好的銷售條件。因此，對於要到期兌付的信託產品而言，最好選擇住宅房地產項目。如果事先已取得較大量訂單的工業地產或商業地產，則屬於訂單式生產，能較快回收資金，此類項目也可選擇。在住宅地產中，還分為低密度住宅項目和高容積率項目，在目前不動產登記全國聯網和大力反腐的大環境下，以及房產稅出抬的預期下，低密度房地產項目面臨較大的銷售壓力。因此，對於住宅地產項目，建議信託公司選擇較高容積率的項目，盡量迴避低密度住宅項目。

3.2.1.5 項目土地成本因素

與前 20 年房地產開發相比，以後房地產市場將逐步迴歸社會平均利潤水準，在以後的市場競爭中，成本競爭將越來越重要。在房地產開發項目的總成本中，土地成本是重要的組成部分。一線城市中，土地成本占房地產項目總成本的大部分；二線城市中，項目的土地成本基本上也占項目總成本的一半以上。因此，土地成本的高低將在很大程度上決定項目的市場競爭力。在同一區域，哪個房地產項目的土地成本低，其就具有天然的價格競爭優勢。信託公司在決策時，應比較具體項目土地成本與市場土地成本的差距。如果目標項目土地成本低於市場土地成本較多，則該項目可以選擇；如果目標項目土地成本高於市場價甚至高出較多，則應放棄該項目。

3.2.2 考慮開發商綜合實力的影響因素分析

有時候，除了項目本身以外，項目風險還與開發商的綜合實力有關，其綜合實力強，則可以在一定程度上降低項目本身的風險。

3.2.2.1 開發商提供項目以外擔保的其他資產情況

在項目本身資產不能有效規避信託產品兌付風險的情況下，信託公司可以要求房地產開發商提供項目本身以外的資產進行抵押、擔保。

（1）融資方為央企或大型地方國企的情況

在融資方為央企或大型地方國企的情況下，可以要求融資方以集團名義為項目融資提供擔保。由於央企及大型國企的國資背景，甚至可以要求融資方以信用做擔保即可，而不需要實際的資產進行抵押。這種情況下，相當於央企或大型國企的信用融資，項目本身如何，在某種程度上已不是關鍵因素。

（2）融資方為民營企業的情況

對於一般的民營企業，則可以要求融資方提供項目以外的實際資產作為融資的抵押物。如果融資方能提供其他的變現能力強的真實資產作為項目融資的抵押，則信託公司也可以在一定程度上降低對項目本身的條件要求。在項目本身不能籌集資金按時歸還信託資金時，可以隨時處置融資方抵押的資產，或者迫使融資方通過其他方式和途徑籌措資金來歸還信託資金，保證信託產品的按時兌付。

3.2.2.2 開發商的開發管理能力

開發商的開發管理能力對於房地產項目的成敗也起著非常重要的作用，我們經常可以看到，在同一個區域，各種條件差不多的地塊，由於是不同的開發商在開發，其結果相差甚大：有些項目售價低、銷售慢、利潤低，而有些項目卻售價高、去化快、利潤高。因此，信託公司在選擇項目時，不僅要關注項目本身，還應重視開發商的開發管理能力。

（1）土地獲取能力

土地是進行房地產開發的基礎，優質土地獲取能力是衡量開發商綜合能力的最重要指標之一。開發商如果具有強大的土地獲取能力，則具有天

然的競爭優勢，已贏在起點上，憑藉獲取的優質土地，就能擊敗眾多競爭對手。

（2）策劃創意能力

房地產項目的策劃很重要，開發商如具有較強的策劃創意能力，就可將項目提前整體策劃好，使項目產品能較好地適應市場需求，甚至引導市場需求。這樣，才能夠開發出「適銷對路」的產品，使項目取得成功，開發商獲取較高的超額利潤。

（3）綜合協調管理能力

房地產是一個上下游鏈條較長的行業，房地產開發涉及的相關方較多，有政府部門、設計單位、策劃單位、諮詢單位、工程承包商、監理單位、材料供應商、設備供應商、設備安裝商、園林綠化單位、帶有壟斷色彩的消防、水、電、氣、暖、通信等單位，以及銷售代理商，等等。房地產開發商作為項目的業主，也是這些相關方的總協調人，需要把所有關係、利益協調好，項目才能順利、有序推進，不然就會發生項目停滯或者低效運行的情況。

（4）成本控制能力

成本對於房地產開發項目是非常重要的，成本也要與項目的定位相匹配。成本與項目的利潤直接掛勾，在計劃成本的基礎上，加強成本控制，則節約下來的成本就直接變成項目的利潤。成本控制體現在項目的各個方面，在土地取得以後，最重要的成本控制階段是項目的設計階段，90%以上的成本由設計工作決定。因此，房地產開發商的成本管控能力主要體現在對設計工作及設計單位的管理能力上，尤其體現在對設計的優化管理上。

（5）行銷能力

項目開發的目的是產品銷售，要想實現良好銷售，開發商的行銷能力就非常重要。行銷能力不僅體現在項目達到預售條件以後的銷售階段，還需要前置，與項目的策劃、設計工作同步進行。同時，在項目的實施過程中，還需要隨時收集、瞭解市場及客戶的變化情況，根據即時情況變化對項目的產品提出優化改進建議，並調整行銷策略和方案。在專業化分工越

來越細的背景下，房地產開發商大多將銷售工作外包給專業的銷售代理公司，但是開發商還是需要培育自己的行銷能力，在項目的總體行銷策劃方面要有自己的主見，同時開發商還應具備較強的對銷售代理公司的管控能力。

(6) 品牌影響力

一方面，房地產產品具有其自身的獨特特點，開發商的品牌對於項目產品的銷售具有明顯的影響。開發商的品牌如果在全國範圍內均具有較高的知名度，則其開發的項目在銷售上就具有較大的優勢。另一方面，房地產開發也具有較強的地域性，如果某開發商在某個區域經過長期的精耕細作，打造了強大的區域品牌，則在該區域內，該開發商的品牌影響力也極大，對其項目產品的銷售有較大的促進作用。

3.3 融資類房地產信託項目評價指標體系構建

為保證房地產項目到期兌付，信託公司應從源頭上選好項目。為此，信託公司可以選取一些指標來對備選項目進行評價，來決策是否為項目提供融資。

3.3.1 各級評價指標的選取

對於房地產信託項目而言，一般情況下，不僅是由項目本身籌集資金歸還信託本息，還要由開發商提供擔保。因此，評價指標的選取主要圍繞項目和開發商來進行。

評價指標由總括到具體，分為三級。在每一級的多個評價指標中，根據不同指標的重要性不同，分別對其賦予不同的權重。

根據房地產行業的特點，並分析與房地產項目成功以及信託資金歸還相關的因素，選擇各項評價指標如表3-1所示。

表 3-1　　　　　　　　房地產信託項目決策評價指標及代碼

一級指標	二級指標	三級指標
A1. 項目本身情況	B1. 項目區位	C1. 所在城市
		C2. 具體位置
	B2. 項目周邊配套情況	C3. 交通便利程度
		C4. 學校
		C5. 醫院
		C6. 購物
		C7. 餐飲、娛樂
A1. 項目本身情況	B3. 項目開發的產品	C8. 住宅、商業、寫字樓等產品的占比情況
		C9. 地下車位面積占地上可售面積的比例
	B4. 項目土地成本及報建費水準	C10. 土地獲得成本與周邊平均地價比較
		C11. 報建費水準與競爭性項目比較
	B5. 項目管理團隊	C12. 項目負責人過往業績
		C13. 項目管理團隊從業平均年限
		C14. 項目管理團隊學歷及執業資格情況
A2. 開發商綜合實力	B6. 企業規模	C15. 總規模
		C16. 房地產業務規模
	B7. 財務狀況	C17. 資產負債率
		C18. 存貨
		C19. 近3年扣除土地購置費用以後的經營性淨現金流
	B8. 社會信譽及品牌	C20. 徵信系統查詢信用記錄及被執行情況
		C21. 房地產開發資質等級
		C22. 品牌影響力

（1）一級評級指標選取

基於上述思路，選取的一級評價指標為：項目本身情況和開發商綜合實力。

（2）二級評價指標選取

影響房地產項目成功的主要因素有：區位、周邊配套、產品、成本、管理團隊等，因此選擇這五項指標作為項目本身情況項下的二級指標。

而對於開發商，可以從企業規模、財務狀況、社會信譽及品牌三個方面來評價，故選擇這三項指標作為開發商綜合實力項下的二級指標。

（3）三級評價指標選取

在二級指標下，再分析對其構成影響的主要因素作為三級指標，選取的22個三級指標如表3-1所示。

對於二級指標區位，主要考慮項目所在城市及項目具體位置，這兩個因素作為二級指標區位的三級指標。

對於二級指標周邊配套，其三級指標為交通便利程度，學校，醫院，購物，餐飲、娛樂。

對於二級指標產品，其三級指標為住宅、商業、寫字樓等產品的占比情況和地下車位面積占地上可售面積的比例。

對於二級指標成本，其三級指標為土地獲得成本與周邊平均地價比較，以及報建費水準與競爭性項目比較。

對於二級指標管理團隊，其三級指標為項目負責人過往業績，項目管理團隊從業平均年限，項目管理團隊學歷及執業資格情況。

對於二級指標企業規模，其三級指標為總規模、房地產業務規模。

對於二級指標財務狀況，其三級指標為資產負債率、存貨、近3年扣除土地購置費用以後的經營性淨現金流。

對於二級指標社會信譽及品牌，其三級指標為徵信系統查詢信用記錄及被執行情況，房地產開發資質等級，品牌影響力。

3.3.2 相關指標打分及權重的確定

3.3.2.1 指標的打分

三級指標作為最基礎的指標，需要對其進行打分，且每個項目評價時

均要從三級指標的打分開始。

打分時，可以採用專家打分法，各個指標均採取 100 分制。每次項目評價時，組織多位專家進行打分，對各位專家打出的分數進行算術平均，作為該指標的綜合分數 $Z_{Ci}(i = 1, 2, 3, \cdots, 22)$，$0 \leq Z_{Ci} \leq 100$。

其他各級指標的分值通過計算得到，以 $Z_{Bj}(j = 1, 2, 3, \cdots, 8)$ 表示第 j 個二級指標的分值，$0 \leq Z_{Bj} \leq 100$。以 $Z_{Ak}(k = 1, 2)$ 表示第 k 個一級指標的分值，$0 \leq Z_{Ak} \leq 100$。以 Z_1 表示項目最終評級得分值。

3.3.2.2　各級指標權重的確定

各級指標需要確定其權重，才能進行項目的評價。

指標的權重相對固定，無須每個項目均重新進行指標權重的確定，可以採取定期或不定期根據環境的變化而對各指標權重進行調整。

以 $w_i(i = 1, 2, 3, \cdots, 22)$ 表示第 i 個三級指標的權重。

以 $p_j(j = 1, 2, 3, \cdots, 8)$ 表示第 j 個二級指標的權重。

以 $q_k(k = 1, 2)$ 表示第 k 個一級指標的權重，$\sum_{k=1}^{2} q_k = 1$。

進行每級各指標權重確定時，採用 1~9 的九級判斷尺度。

第一步，向所邀請的專家發放比較打分表，請其對不同指標的重要性進行兩兩比較打分。

第二步，對專家打分結果進行整理，得到判斷矩陣。

第三步，進行判斷矩陣的一致性檢驗。

具體做法如下：

（1）構建判斷矩陣

以上一層指標 V 作為準則，所支配的下一層元素為 $u_1, u_2, \cdots, u_n$，下一層每個元素對於上一層指標 V 即準則的相對重要性就是該元素的權重。元素 u_i 權重的確定採用兩兩比較法，其方法是：對於準則 V，元素 u_i 和元素 u_j 哪一個更重要，重要的程度如何，按照 1~9 比例標度對其相對重要性程度進行賦值，表 3-2 中列出了 1~9 標度的含義。

表 3-2　　　　　　　　　　1~9 標度的含義

標度	含義
1	表示兩個元素相比，具有同樣重要性
3	表示兩個元素相比，前者比後者稍重要
5	表示兩個元素相比，前者比後者明顯重要
7	表示兩個元素相比，前者比後者強烈重要
9	表示兩個元素相比，前者比後者極端重要
2, 4, 6, 8	表示上述相鄰判斷的中間值
倒數	若元素 i 與 j 的重要性之比為 a_{ij}，那麼元素 j 與元素 i 重要性之比為 $a_{ji} = 1/a_{ij}$

對於準則 V，n 個元素之間分別進行相對重要性的比較，得到一個兩兩比較判斷矩陣：

$$A = (a_{ij})_{n \times n} \tag{3-1}$$

a_{ij} 表示元素 u_i 和元素 u_j 相對於 V 的重要性程度的比例標度。判斷矩陣 A 具有下列性質：$a_{ij} > 0$，$a_{ji} = 1/a_{ij}$，$a_{ii} = 1$。

（2）對向量進行歸一化處理

n 個元素 u_1，u_2，…，u_n 對於上一層指標 V 即準則的判斷矩陣為 A，要求出 u_1，u_2，…，u_n 對於準則 V 的相對權重 w_1，w_2，…，w_n，寫成向量形式為 $W = (w_1, w_2, \cdots w_n)^T$。對其進行歸一化處理有多種方法，此處介紹和法及根法。

①和法歸一化。將判斷矩陣 A 的 n 個行向量歸一化後的算術平均值，近似作為權重向量，即

$$w_i = \frac{1}{n} \sum_{j=1}^{n} \frac{a_{ij}}{\sum_{k=1}^{n} a_{kj}} \quad i = 1, 2, \cdots, n \tag{3-2}$$

計算步驟如下：

第一步：將 A 的元素按行歸一化。

第二步：將歸一化後的各行進行相加。

第三步：將相加後的向量除以 n，即得到歸一化後的權重向量。

②特徵根法歸一化。解判斷矩陣 A 的特徵根問題，得到：

$$AW = \lambda_{max} W \tag{3-3}$$

式（3-3）中，λ_{max} 是 A 的最大特徵根，W 是相應的特徵向量，所得到的 W 經歸一化後就可作為權重向量。

（3）進行一致性檢驗

在進行元素的兩兩比較時，要求判斷矩陣滿足大體上的一致性。如果出現「甲比乙極端重要，乙比丙極端重要，而丙與甲相比時甲極端重要」的判斷的話，則不符合邏輯，一個不符合邏輯的判斷矩陣會導致決策上的失誤。如果上述各種計算相對權重向量的方法，在判斷矩陣過於偏離邏輯一致性時，其可靠程度就值得懷疑，因此要對判斷矩陣的一致性進行檢驗。

①計算一致性指標 C.I.。

$$C.I. = \frac{\lambda_{max} - n}{n - 1} \tag{3-4}$$

②查找相應的平均隨機一致性指標 R.I.。

表 3-3 給出了 1~15 階正互反矩陣計算 1,000 次得到的平均隨機一致性指標。

表 3-3　　　　　　　　　平均隨機一致性指標 R.I.

矩陣階數	1	2	3	4	5	6	7	8
R.I.	0	0	0.52	0.89	1.12	1.26	1.36	1.41
矩陣階數	9	10	11	12	13	14	15	
R.I.	1.46	1.49	1.52	1.54	1.56	1.58	1.59	

③計算一致性比例 C.R.。

$$C.R. = \frac{C.I.}{R.I.} \tag{3-5}$$

當 C.R.<0.1 時，判斷矩陣的一致性在可以接受的範圍內；當 C.R.≥0.1 時，應對判斷矩陣進行適當修正。

最大特徵根 λ_{max} 的計算，除常用的特徵根方法外，還可使用如下公式：

$$\lambda_{max} = \sum_{i=1}^{n} \frac{(AW)_i}{nw_i} = \frac{1}{n} \sum_{i=1}^{n} \frac{\sum_{j=1}^{n} a_{ij} w_j}{w_i} \tag{3-6}$$

3.4 待評價項目綜合評分及選擇決策

三級指標打分完成、各級指標權重已確定的情況下，可以對備選項目進行綜合評分，根據得到的綜合評分，做出是否為該項目提供融資的決策。

3.4.1 信託公司對項目決策基準值的確定

作為項目選擇決策的基礎，首先要確定評價決策基準值。

以 Z_0 表示信託公司對房地產信託項目選擇決策的基準值，Z_0 由信託公司管理層根據公司的實際情況研究決定。

3.4.1.1 在確定決策基準值時應考慮的因素

信託公司在確定房地產信託項目選擇的決策基準值時，應重點考慮以下兩個因素。

（1）對未來幾年房地產市場走勢的總體判斷

信託公司要對房地產項目提供融資，希望在信託計劃到期時能順利收回信託資金本息。因此，房地產市場的走勢對於信託公司的項目選擇決策非常重要。

雖然中國的房地產市場受到政府調控影響較多，並不完全按照市場經濟的規律運行，但還是有其週期性，有波峰也有波谷。只不過，在政府調控的干預下，波峰被熨平，上漲的時間被拉長。

如果信託公司判斷未來一段時間房地產市場是處於上漲通道中，那麼目前評價並不怎麼好的項目在經過一段時間以後，項目狀況會得到改善，銷售價格會得到提升。基於這種判斷，信託公司可以稍微放低對房地產信託項目的選擇標準，降低決策基準值。例如，正常情況下確定的項目選擇決策基準值為 $Z_0 = 65$，基於對未來房地產市場上漲的判斷，可以將決策基準值適當降低為 $Z_0 = 60$。

如果信託公司判斷房地產市場將步入下降通道，則應對後續的房地產

信託業務持審慎態度。有可能目前覺得較好的項目在未來一段時期受房地產市場整體低迷的影響，銷售起來也有難度。這樣，信託公司可以適當提高對房地產信託項目選擇的決策基準值。例如，將正常情況下 $Z_0 = 65$ 調整為 $Z_0 = 70$。

（2）市場上資金面的緊張程度

信託公司實施房地產信託項目，不僅要看項目端，看項目情況怎麼樣，還要看資金端，看能否從資金市場上以較低成本順利募集到所需資金。

信託公司要做信託業務需要有資金。雖然每個信託公司都有相應的自有資金，但自有資金的金額與信託公司整個業務規模相比，顯得微不足道。要做信託業務，資金主要還得靠從市場上募集。

市場上資金的緊張狀況主要與國家的貨幣政策有關。如果國家收緊貨幣，減少貨幣供應量，則市場上就會出現資金緊張的狀況，再嚴重一點，就會出現「錢荒」，金融機構同業間的拆借利率上升。資金再收緊，就會從央行層面調整、提高基準利率。這種情況下，社會的流動性緊張，信託資金的來源面臨較大考驗，信託公司籌集資金的難度增大，信託計劃發行的節奏應放緩。此時，信託公司應放棄原本能做的一些項目，提高對房地產信託項目選擇的決策基準值。如果國家實行偏鬆的貨幣政策，市場上資金充裕，流動性泛濫，資金多而資產少，出現所謂的「資產荒」，甚至央行還進行降息、調低基準利率。這種情況下，信託公司籌集資金很容易，信託產品發售難度低。此時，信託公司可以降低對房地產信託項目選擇的決策基準值，將原本條件稍有欠缺的一些項目納入實施範圍。

對於信託公司而言，對外籌集資金有兩個來源：一是個人投資者，二是機構投資者。個人投資者和機構投資者的資金都受整個資本市場的影響；除此之外，機構投資者的資金還受國家金融監管政策和力度的影響。大部分信託公司最大的一塊業務是「金融同業」業務，當金融監管政策及力度發生變化時，信託公司能從金融機構募集資金的成本和難度都分別會隨之變化。例如，2017 年被稱為「金融監管年」，對金融機構的監管、檢查、處罰力度空前。2017 年銀監系統進行「三違反」「三套利」和「四不當」專項治理工作，對金融機構同業業務的影響較大，導致信託公司 2017

年資金募集難度明顯較2016年大，資金募集成本也顯著上升。因此，信託公司對房地產信託項目選擇的決策基準值也應視金融監管政策和力度的變化而進行調整。

3.4.1.2 決策基準值確定採用的方法

假設由信託公司的領導層來確定房地產項目選擇決策的基準值，可採取專家打分法和加權平均法。

信託公司領導層的成員數量為n，用Z_{0i}($i=1, 2, 3, \cdots, n$)表示第i個成員對決策基準值Z_0的打分。

由於不同的成員在信託公司中處於不同的崗位，位置不同導致其看問題的角度不同；同時，不同的崗位對信託公司的重要性不同。例如，信託公司的董事長和總經理的意見應比其他成員的意見更重要。因此，可以賦予不同的成員以不同的權重。用r_i表示第i個成員的權重。

因此，在信託公司的領導成員根據自己的判斷對基準值給出自己的意見後，可以用下式求出信託公司對房地產信託項目選擇的決策基準值：

$$Z_0 = \sum_{i=1}^{n} Z_{0i} \times r_i \tag{3-7}$$

決策基準值指標Z_0相對固定，可採用定期或不定期根據環境變化進行調整的方式確定。

3.4.2 對評價項目實施綜合評分及選擇決策

3.4.2.1 對評價項目實施綜合評分

根據確定的三級指標打分及各級指標權重進行項目綜合評分的計算。

（1）二級指標的評價分值計算

三級指標的分值通過專家打分法確定以後，可以根據各三級指標的權重，採用加權法計算出各二級指標的評價分值。

$$Z_{B1} = \sum_{i=1}^{2} Z_{Ci} \times w_i \tag{3-8}$$

$$Z_{B2} = \sum_{i=3}^{7} Z_{Ci} \times w_i \tag{3-9}$$

$$Z_{B3} = \sum_{i=8}^{9} Z_{Ci} \times w_i \qquad (3-10)$$

$$Z_{B4} = \sum_{i=10}^{11} Z_{Ci} \times w_i \qquad (3-11)$$

$$Z_{B5} = \sum_{i=12}^{14} Z_{Ci} \times w_i \qquad (3-12)$$

$$Z_{B6} = \sum_{i=15}^{16} Z_{Ci} \times w_i \qquad (3-13)$$

$$Z_{B7} = \sum_{i=17}^{19} Z_{Ci} \times w_i \qquad (3-14)$$

$$Z_{B8} = \sum_{i=20}^{22} Z_{Ci} \times w_i \qquad (3-15)$$

（2） 一級指標的評價分值計算

二級指標的評價分值計算出來後，可以根據各二級指標的權重，採用加權法計算出各一級指標的評價分值。

$$Z_{A1} = \sum_{j=1}^{5} Z_{Bj} \times p_i \qquad (3-16)$$

$$Z_{A2} = \sum_{j=6}^{8} Z_{Bj} \times p_i \qquad (3-17)$$

（3） 項目綜合評價分值計算

$$Z_1 = \sum_{k=1}^{2} Z_{Ak} \times q_k \qquad (3-18)$$

3.4.2.2 項目選擇決策

當得到備選項目的綜合評價分值 Z_1 以後，將之與事先確定的房地產信託項目評價決策基準值 Z_0 進行對比。

如有

$$Z_1 \geqslant Z_0 \qquad (3-19)$$

則可為該項目提供融資。

如有

$$Z_1 < Z_0 \qquad (3-20)$$

則放棄該項目。

3.5 應用案例分析

以某信託公司提供融資服務的某房地產項目為例，對選擇決策模型進行驗證分析。

3.5.1 相關數據的確定

信託公司事先確定的房地產信託項目評價決策基準值 $Z_0 = 70$ 分。

按九級判斷尺度法確定的該項目各級指標權重如表 3-4 所示。信託公司針對該項目組織公司內部專家對三級指標進行了打分，其打分值如表 3-4 所示。

表 3-4　　　　　　各級指標權重及三級指標打分值

指標權重			三級指標打分
一級指標	二級指標	三級指標	
$q_1 = 0.8$	$p_1 = 0.25$	$w_1 = 0.6$	$Z_{C1} = 70$
		$w_2 = 0.4$	$Z_{C2} = 85$
	$p_2 = 0.18$	$w_3 = 0.25$	$Z_{C3} = 83$
		$w_4 = 0.25$	$Z_{C4} = 87$
		$w_5 = 0.125$	$Z_{C5} = 50$
		$w_6 = 0.175$	$Z_{C6} = 75$
		$w_7 = 0.2$	$Z_{C7} = 70$
	$p_3 = 0.13$	$w_8 = 0.8$	$Z_{C8} = 75$
		$w_9 = 0.2$	$Z_{C9} = 60$
	$p_4 = 0.32$	$w_{10} = 0.85$	$Z_{C10} = 75$
		$w_{11} = 0.15$	$Z_{C11} = 70$
	$p_5 = 0.12$	$w_{12} = 0.6$	$Z_{C12} = 73$
		$w_{13} = 0.25$	$Z_{C13} = 80$
		$w_{14} = 0.15$	$Z_{C14} = 80$

表3-4(續)

指標權重			三級指標打分
一級指標	二級指標	三級指標	
$q_2 = 0.2$	$p_6 = 0.25$	$w_{15} = 0.6$	$Z_{C15} = 65$
		$w_{16} = 0.4$	$Z_{C16} = 60$
	$p_7 = 0.4$	$w_{17} = 0.45$	$Z_{C17} = 60$
		$w_{18} = 0.3$	$Z_{C18} = 62$
		$w_{19} = 0.25$	$Z_{C19} = 61$
	$p_8 = 0.35$	$w_{20} = 0.4$	$Z_{C20} = 62$
		$w_{21} = 0.25$	$Z_{C21} = 65$
		$w_{22} = 0.35$	$Z_{C22} = 63$

3.5.2 相關指標的計算及決策情況

按照前述方法計算出該項目的最終評價得分為：$Z_1 = 73.48$ 分。

信託公司事先確定的基準值為 $Z_0 = 70$ 分。

因此，$Z_1 \geq Z_0$，信託公司為該項目提供了融資。

3.5.3 案例分析

在本案例中，由於信託公司判斷房地產市場在今後一段時期會朝好的方向發展，因此將房地產信託項目選擇決策基準值確定為 $Z_0 = 70$ 分。如果該信託公司對後期房地產市場不看好，將基準值確定為 $Z_0 = 75$ 分，則該項目達不到要求，信託公司將會放棄該項目。

另外，由於該房地產項目的開發商屬於規模不大的企業。在表 3-4 中，該項目在企業規模、財務狀況和社會信譽及品牌各具體指標上得分均不高，每個指標得分均未超過 65 分。在當時的情況下，該信託公司主要重視項目本身情況 A_1，而對於開發商的綜合實力 A_2 不是太看重，對此兩個一級指標的權重分別為 $q_1 = 0.8$，$q_2 = 0.2$。如果市場環境發生變化，信託公司對於開發商綜合實力 A_2 的重視程度提高，兩個一級指標的權重變為：$q_1 = 0.6$，$q_2 = 0.4$。則項目最終評價得分為：$Z_1 = 69.79$ 分，低於事先確定的基

準值 $Z_0 = 70$ 分，該信託公司放棄為該房地產項目提供融資。

其他二級指標和三級指標權重的變化也會隨著信託公司對市場、環境以及其他條件的判斷和認識而變化，從而影響備選項目的最終評價得分。

通過對應用案例的分析，我們可以得到以下兩個推論。

推論 3-1：信託公司在不同時期對於房地產信託項目評價決策基準值會確定不同的數值，從而影響信託公司對房地產信託項目的選擇決策結果。

推論 3-2：信託公司對於各級指標的權重會根據情況變化進行調整，導致備選項目的最終評價得分變化，從而影響信託公司對房地產信託項目的選擇決策結果。

房地產是中國信託公司四大傳統業務之一，在中國實施城鎮化戰略的大背景下，房地產行業還有較長的黃金發展期，信託公司也仍會將其作為業務的主要拓展方向和利潤的重要來源。

基於房地產信託項目融資比一般國有房地產企業項目開發貸款風險高的特性，結合房地產市場低谷時期房地產信託項目所出現的風險，信託公司可以使用房地產信託項目選擇決策模型來選擇合適的項目為其提供融資。並通過及時調整項目評價決策基準值以及相關評價指標權重，來保證項目選擇決策的科學性。

在房地產市場整體處於低迷的時期，信託公司尤其需要做好房地產信託項目的風險管理。只要信託公司在開展房地產信託業務時，按照相應的條件仔細進行項目篩選，就能夠在較大程度上規避掉風險較大的項目，為信託公司業務的持續、穩健開展打下良好的基礎。

4 融資類房地產信託項目收益與風險匹配研究

　　房地產信託項目是信託公司業務的重要組成部分，也是信託公司利潤的重要來源，並且，在今後一定時期內，房地產還將繼續成為信託公司的主要展業方向之一。

　　受房地產政策調控的影響，近幾年部分信託公司的部分房地產項目出現風險，導致信託本息不能按時兌付。典型的「新華信託－湖州港城案」判例，更是成為信託「明股實債」融資模式的一個里程碑事件，導致新華信託遭受巨大損失。信託公司要做好利潤主要來源的房地產業務，需要對項目風險有足夠的認識並予以重視，在對項目提供融資決策時，綜合考慮收益與風險因素，實現收益與風險的良好匹配。

　　對於大部分房地產信託項目，信託公司只提供單純的債權融資（含「明股實債」），真正對項目進行股權投資、承擔項目開發風險的較少。因此，本處研究的房地產信託項目主要指債權融資型房地產信託項目（含「明股實債」）。對於融資類房地產信託項目，信託公司按約定的年利率收取利息費用，此利息費用即為信託公司的收益。

　　收益與風險匹配，一直是所有商業行為的基本準則。對於信託公司而言，也要兼顧公平和效率，做好信託資金融出的收益與信託項目風險的匹配。對於融資類房地產信託項目而言，作為其交易對手的開發商大多為民營企業。民營企業的資信水準普遍低於中央企業和大型地方國企，因此，信託公司對房地產信託項目本身的風險評價和管控就更為重要。針對不同

風險水準的房地產信託項目，信託公司在對其提供融資時，應收取不同的融資利息。

4.1　融資類房地產信託項目風險分析

從 2013 年開始，由於全國房地產市場持續低迷，房地產信託項目風險陸續爆發，致使部分信託產品不能按約兌付，信託公司遭受損失。根據信託業協會的統計，2015 年末信託業的風險項目個數為 464 個，資產規模為 973 億元。這其中有不少是房地產信託項目。

房地產信託項目風險發生的形式主要有以下兩種：

一種是房地產項目出現虧損，形成終極風險。由於項目土地取得成本高、產品定位和設計不合理、過程成本管控不到位，以及房地產市場整體不景氣等原因，造成一些房地產項目最終的利潤為負值，出現虧損。這種情況下，如果當時融資時向信託公司提供抵押的資產和擔保措施僅限於項目本身，或者即使有其他的擔保措施，但無法實施，則向項目提供融資的信託公司就面臨較大的風險，可能承擔較大的損失。

另一種是房地產項目銷售不如預期，資金不能及時回收，形成流動性風險。一般情況下，房地產信託產品是有時限限制的，一般為 2~3 年，到期須進行兌付。有些房地產項目，雖然本身仍有利潤，不會發生虧損，但是，由於市場原因，項目銷售進度及銷售價格不及當初可研的預測，通過銷售回收的資金額低於預期，對於到期的信託產品無法籌集足夠的資金歸還信託公司，從而形成流動性風險。此種情況下，迫於無奈，信託公司只好與融資方進行協商，對信託產品進行全部或部分展期，將信託產品的兌付時間延後。

對於第二種只存在流動性風險的房地產信託項目，一般的信託公司都未納入風險項目進行統計上報，否則，中國信託業協會統計的風險項目和風險資產規模還將大幅度增加。

房地產信託項目風險除了上述兩種表現形式，還可以根據主觀和客觀、可控和不可控來對其進行分類。

4.1.1 系統性風險與非系統性風險

根據風險是行業整體的還是項目個性的，可以將房地產信託項目風險分為系統性風險和非系統性風險。

4.1.1.1 系統性風險

房地產市場的系統性風險是對整個行業內的企業都有影響的風險，而不是某個房地產開發商所單獨面對的風險。與系統性風險對應的是非系統性風險，也稱房地產經營開發風險。

房地產市場的系統性風險主要是由國家宏觀調控造成的，或者是由行業總體供需關係發生變化造成的。主要包括：

1. 國家政策調控風險

對於普通老百姓而言，房地產是一筆巨大的投資，房地產價格與老百姓息息相關，因此，國家對房地產價格非常重視。從中央到地方各級政府均將控制房地產價格作為一項「民生工程」，將控制房價過快上漲作為目標。因此，中國房地產行業時常處於政府的調控之下，在房價上漲過快時，政府就會出抬相關措施對房地產市場進行干預、調控，以抑制房價的上漲速度。國家對房地產市場的調控政策就會給行業帶來系統性風險，一般而言，很少有房地產項目能不受國家調控政策的影響。

2. 房地產稅等稅收風險

在中國全面推出房地產稅的討論已有多年時間，但遲遲未實施。2011年開始，國家在上海和重慶進行個人房地產稅徵收試點，但幾年下來，給國家提供的經驗並不充分。房地產稅對房地產市場影響重大，即使未真正推出，只要每次媒體進行討論，都會對房地產市場形成較大的負面影響，迫使人們考慮購房後房屋的持有成本，影響人們的購房預期。

3. 供求關係變化造成的房地產市場下行風險

每個市場的走勢都是由供求關係決定的，房地產的供求關係變化也決定房地產市場走勢。如果供不應求，則價格會上升；反之，則價格下降。

影響房地產供求關係的具體因素很多，包括政治、文化、經濟、財政政策、住房制度等。總體來看，自商品房制度實施以來至 2017 年，中國城市化進程在不斷加快，農村人口不斷向城市遷移，房地產市場總體一直呈現需求旺盛的狀況。

4. 人們住房觀念變化造成的風險

各個國家由於歷史發展不同，造成人們對住房的觀念也不同。從發展歷史來看，中國長期處於封建主義社會。在封建主義社會，土地是最重要的生產資源，並且，中國長期以來都受「耕者有其田，居者有其屋」的思想浸染，中國民眾養成了盡其所能置辦自有產權房產的觀念。但是，隨著社會的進步，國家的引導、宣傳，老百姓的觀念也會發生變化。如果能做到近年來國家倡導的「租售同權」，老百姓購房的慾望就會大大降低，對於商品房市場的發展會產生巨大影響。

4.1.1.2 非系統性風險

與系統性風險相對的是非系統性風險。

非系統性風險主要與開發商自身因素相關，主要包括以下幾方面內容。

1. 項目定位風險

開發房地產項目的目的是將開發出的產品以盡可能高的價格在盡量短的時間內銷售給客戶，如果項目的定位出現問題，將直接影響項目的後續銷售。房地產項目的定位包括產品定位和客戶定位：產品定位指導項目後續的設計、施工、採購、安裝等一系列工作，決定了項目產品的功能、品質；客戶定位指導項目後續的行銷工作，確定產品以後主要面向哪些人群銷售，有指向地進行行銷工作。

2. 項目工期風險

每個建設項目都有工期目標，對於房地產開發項目，工期目標比一般的建設項目更重要。房地產項目在預售時，開發商與購房者簽訂購房合同，約定房屋交付時間。如果屆時項目不能按時竣工，也就不能按時向客戶交房。此時，項目公司或開發商就需要按合同承擔違約責任，對購房者進行經濟補償；同時，開發商的品牌也會受到較大影響，聲譽受損。

3. 項目質量風險

人們購買住房，除開投機性目的，最終是要居住的。如果在開發建設過程中，未控制好項目，就會出現質量問題，影響房屋的美觀甚至影響房屋的功能及使用。房屋交付後，購房者發現質量問題，就會向開發商提起索賠，甚至訴訟。開發商需要承擔維修、經濟補償甚至退房的責任；同時，聲譽受損。房地產項目質量主要包括功能質量、使用質量、觀感質量等多個方面，影響質量的因素眾多，需要開發商做好過程管控，做好全面質量管理。

4. 項目成本風險

項目成本與項目利潤直接相關，在銷售收入確定的情況下，成本越高，利潤越低。在房地產項目決策時，一般會確定一個成本目標值，作為項目開發的成本控制依據。發生成本風險，有主觀原因，也有客觀原因。主觀原因主要是項目公司在開發過程中管理不到位，造成成本超支；客觀原因主要是在項目開發期間，人工費、材料費上漲，或者地質條件發生變化，引起地基處理方式變更等，導致建設成本上升。

5. 項目安全風險

安全是第一要務，如果項目發生安全事故，第一，會對項目公司形成經濟損失，需要拿出資金來對事故進行處理、賠償；第二，發生安全事故以後，對安全事故處理需要暫停其他工作，會影響項目的工期，造成工期風險；第三，發生安全事故，會對項目的後續銷售造成負面影響，一般老百姓不願購買發生過安全事故的房產。

6. 項目行銷風險

房地產項目能否取得成功，與項目的行銷工作關係巨大。由於房地產產品具有獨一無二性，不同的產品可以賣出不同的價格，同一個產品由不同的人來銷售，也可以賣出不同的價格。房地產產品定價也經常採用「消費者認知定價法」。我們經常可以看到，同一區域、不同開發商開發的樓盤進行競爭，有可能條件類似的兩個樓盤，其中一個樓盤的售價比另一個樓盤的售價高，銷售速度也更快，其中的原因在於兩個樓盤的銷售團隊的行銷能力存在差異。如果項目的實際行銷情況與當初的設想差距較大，發

生行銷風險，則首先會導致項目的資金鏈發生變化，項目現金流不如預期；其次，項目的銷售價格會低於預期，導致項目利潤額降低。

7. 外部性風險

由於非開發商原因，造成房地產項目的外在因素發生改變，並且是朝不好的方向變化，就會影響房地產項目的品質，降低項目產品的售價，形成負的外部性。房地產開發項目負的外部性主要包括：①垃圾處理廠、污水處理廠的修建；②化工廠等修建；③公園、綠地減少；④交通限行及管制；等等。

4.1.2 主觀風險與客觀風險

根據風險是由開發商主觀原因造成的還是外部客觀因素造成的，可將房地產信託項目風險分為主觀風險和客觀風險。

對於房地產信託項目而言，只要發生與最初信託融資時設立的目標存在偏差的情況，就是風險產生。這些風險有些是由開發商的主觀原因造成的，有些是非開發商主觀原因造成的。

4.1.2.1 主觀風險

由開發商主觀行為造成的主觀風險主要包括以下類型：

1. 開發商本身開發管理能力較差，形成風險

房地產開發項目能否取得成功，除了與項目所處的位置有較大的關係以外，還與開發商的管理能力直接相關。如果開發商的開發管理能力低下，項目位置再好，也會面臨開發失敗的風險。多年來，不少大城市的中心地帶都出現過爛尾樓，這就是房地產開發商開發管理能力風險的直觀體現。

2. 開發商不誠信履約，轉移項目資金風險

道德風險和機會主義問題一直是在社會經濟活動中合作時需要面對的難題。對於房地產信託項目，信託公司將資金交給房地產開發商後，也面臨開發商的道德風險和機會主義行為問題。近年來，房地產信託項目出現風險，不少是由於開發商將本項目的資金挪作他用，未實現資金的封閉運行。

3. 開發商從自身利益出發，造成項目信託計劃不能按時兌付的流動性風險

信託計劃在設立時是有明確期限的，到期需要進行兌付。因此，對於房地產信託項目在事先會設計好資金鏈，需要項目按照資金鏈的要求進行銷售，回收資金。在兩種情況下，開發商從自身利益考慮，導致項目資金鏈偏離最初的設計：①開發商預期未來房價上漲空間較大，採取捂盤動作，將本應現階段銷售的產品放到未來銷售。②現階段房地產市場處於低谷，項目按目前市場價格進行銷售，開發商利潤空間不大或者會形成虧損，導致開發商不願意在現階段低價銷售。

4.1.2.2 客觀風險

除開發商的主觀行為風險以外，其他的風險均為客觀風險，客觀風險主要是由外部環境變化引起的，如前面分析的系統性風險。

4.2 引入資本資產定價模型用於項目的收益、風險匹配

人們在經濟活動中，期望獲取收益的同時，也會考慮相關風險。對於風險與收益匹配的研究較多，資本市場理論等均認為風險與收益呈正相關關係，高風險應該帶來高回報。

4.2.1 收益、風險匹配研究文獻述評

1952 年，Markowitz 基於「均值方差」分析框架提出證券組合投資理論[80]。1964 年，Sharpe 等基於馬科維茨的「均值—方差」分析框架，發展出資本資產定價模型（capital asset pricing model，CAPM）[81]，CAPM 成為收益與風險匹配最基礎的模型。之後，其他學者在 CAPM 基礎上進行擴展和完善，形成了經典（傳統）資產定價理論[82]。其中，Black 和 Scholes（1973）提出了期權定價模型（OPM）[83]；Ross（1976）建立了套利定價理論（APT）[84]；Rubinstein（1976）[85]，Breeden 和 Litzenberger

（1978）[86]，提出並完善了消費基礎資本資產定價模型（CCAPM）；隨著行為金融理論的發展，Shefin 和 Statman（1994）建立了行為資產定價模型（BAPM）[87]。為檢驗各種模型的有效性，不少學者也進行了實證研究：French 等 1987 年以 1928—1984 年美國 S&P500 日收益率數據為樣本，檢驗了股票收益率與波動性之間的關係[88]；國內學者劉祥東等（2016）利用中國資本市場數據，對相關資本資產定價模型進行了實證[89]。其他很多學者也在資本資產定價方面進行了實證研究，相關實證研究均驗證了風險與收益的正相關性。但是，關於 CAPM 的大部分研究主要集中於組合投資領域，企業如何針對一個具體的項目從實用層面來使用資本資產定價模型，使決策科學化，這方面的研究較少。擬將 CAPM 引入信託公司對房地產信託項目的融資決策環節，針對不同風險水準的項目確定其相應的融資成本。

不同的房地產信託項目面臨不同的風險，或者說不同的房地產項目有不同的風險水準。因此，信託公司在進行具體項目的融資決策時，應根據不同項目的風險情況，對其確定不同的融資利率。

在信託的收益與風險匹配研究方面，溫中康（2012）進行了定性分析，認為信託產品的高收益與風險相伴隨[90]。鄧旭生和肖繼五（2012）對中國集合信託產品預期收益率的影響因素及市場風險進行了實證研究，認為預期收益率對市場風險具有較高的敏感度[91]。鄧旭生和王聰（2015）對中國集合信託產品的市場定價效率進行了研究，發現流動性風險對集合信託產品定價的影響最為強烈[92]。具體到房地產信託方面，林德瓊和劉善存（2015）利用合作博弈理論，建立了房地產信託產品的定價模型，分析了信託業平均回報率、無風險利率等對信託產品預期收益率的影響[93]。朱佳俊和覃朝勇（2015）對房地產信託產品風險溢價的影響因素進行了研究，發現信託產品的發行期限和地區、M2、投資領域等對項目風險影響大[94]。黃薇和喬志程（2017）對貸款型房地產信託的期權定價進行研究，計算出了不同風險項目的風險補償金（期權價格）[95]。

關於 CAPM 的大部分研究主要集中於證券市場及組合投資領域，企業如何針對一個具體的項目從實用層面來使用資本資產定價模型，使決策科

學化,這方面的研究較少。在房地產信託方面,如何對收益和風險進行匹配的定量研究較少,無法指導信託公司房地產信託項目的開展。本書擬將CAPM引入信託公司對房地產信託項目的融資決策環節,針對不同風險水準的項目確定其相應的融資成本,解決企業的實際決策問題。並且,著重針對CAPM和風險管理中風險水準難以量化和度量的問題,採用改進的TOPSIS法和三級評價指標法來定量評價項目的風險度,使CAPM的實用性增強,具有一定的理論意義。

4.2.2 房地產信託項目收益、風險匹配分析及資本資產定價模型引入

對於信託公司而言,在開展房地產項目業務時,也要兼顧「公平和效率」,做好信託資金融出的預期收益與信託項目風險的匹配。

信託公司針對房地產項目融出資金,要根據其對目標項目的風險度判斷來決定融出資金的價格,即根據項目的風險度來確定預期收益。信託公司該對風險高的項目期望高收益,還是對風險低的項目期望高收益?主要取決於其效用曲線和風險承受能力。

對於信託公司而言,面對多個備選投資項目,不同項目的風險是不一樣的,對應的期望收益也不一樣。在不考慮風險偏好的情況下,每個項目帶給信託公司的效用應是一樣的。假設有 m 個備選項目,第 i 個項目風險發生的概率為 p_i,風險發生後造成的損失為 L_i,該項目的期望收益為 F_i。如果信託公司對於信託業務融出資金總的平均期望收益為 V,則應有

$$V = F_i - L_i p_i \tag{4-1}$$

令 $W_i = L_i \times p_i$ 表示項目 i 的風險水準,則有

$$F_i = V + W_i \tag{4-2}$$

式(4-2)中,顯見 F_i 是 W_i 的單調遞增函數,表示對於信託公司的資金融出行為而言,高收益對應高風險。信託公司對不同項目融出資金的效用曲線如圖4-1所示。

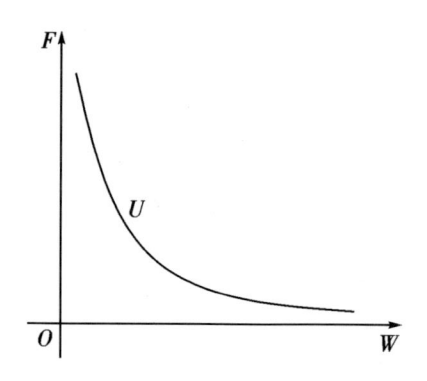

圖 4-1　信託公司對不同項目融出資金的效用曲線

要對房地產信託項目進行收益與風險匹配，可以引入資本資產定價模型，如式（4-3）所示。

$$R = R_F + \beta(R_M - R_F) \tag{4-3}$$

式中，R 為擬提供融資的房地產信託項目的融資利率；R_F 為風險最低或最理想風險水準時，信託公司提供融資的利率，簡稱無風險利率，$R_F > 0$；β 為具體房地產信託項目的風險度，$\beta \geq 0$；R_M 為信託公司對可接受最高風險水準的房地產信託項目提供融資時的利率，簡稱風險利率，$R_M > R_F > 0$。

問題變為如何合理地計算，確定 R_F、R_M 和 β 的值。尤其是如何確定 β，量化一個具體項目的風險值，是風險管理研究領域一直難以合理解決的問題。

4.3　融資類房地產信託項目風險度的評價

要想對房地產信託項目進行風險收益匹配，首先要評價擬融資項目的風險水準，也可以稱之為項目的風險度。項目風險度的評價，可以採用兩種較實用的方法：改進的逼近於理想解法（TOPSIS 法）和基於專家打分的三級評價指標法。

4.3.1 改進的 TOPSIS 法

逼近於理想解的排序方法[96]是用於有限個方案多目標決策的一種決策分析方法，英文叫 technique for order preference by similarity to ideal solution，簡稱為 TOPSIS 法。

但是，逼近於理想解的排序方法也存在一些問題，尤其是在理想解和負理想解的確定上有較大問題，用該方法會造成確定出來的結果並不是合理的理想解和負理想解，使得後續的評價也不準確。胡永宏對 TOPSIS 法評價存在的問題進行了總結分析[97]；盧方元也提出，傳統的 TOPSIS 法規範決策矩陣時比較複雜，從而不易求出理想解和負理想解，並且相關權重也是主觀給定，具有隨意性[98]。因此，需要對 TOPSIS 法進行改進。

4.3.1.1 TOPSIS 法介紹

TOPSIS 法的基本思想是：借助於多目標決策問題的理想解和負理想解來對多方案進行排序。其中理想解是一個設想的最好解決方案，它的各個屬性值都是所有方案中的最好值；負理想解是另一設想的最壞解，它的各屬性值都是所有方案中的最壞值。將每一個實際解與理想解和負理想解進行比較，按照與理想解和負理想解的距離來對解進行排序。例如其中有一個解最靠近理想解，同時又最遠離負理想解，這個解應當是方案中最好的解。

具體分析時，用相對接近度作為度量某個解靠近理想解和負理想解程度的指標，用相對接近度去判斷解的優劣。採用歐幾里得範數作為距離的測度。

在 TOPSIS 法中，用 X^* 表示理想解，X^- 表示負理想解；用 S_i^* 表示方案 i 至理想解的距離，S_i^- 表示方案 i 至負理想解的距離；用 C_i^* 表示方案 i 的相對接近度。分別如式（4-4）、式（4-5）、式（4-6）所示。

$$S_i^* = \sqrt{\sum_{j=1}^{m}(x_{ij} - x_j^*)^2}, \ i = 1, 2, \cdots, n \qquad (4\text{-}4)$$

$$S_i^- = \sqrt{\sum_{j=1}^{m}(x_{ij} - x_j^-)^2}, \ i = 1, 2, \cdots, n \qquad (4\text{-}5)$$

$$C_i^* = s_i^- / (s_i^* + s_i^-), \ 0 \leq C_i^* \leq 1, \ i = 1, 2, \cdots, n \qquad (4\text{-}6)$$

4.3.1.2 TOPSIS 法存在的問題

利用 TOPSIS 法進行多目標決策存在兩個問題：一個是不滿足保序性，當增加或減少方案的個數，將影響原來各方案的排序；另一個是採用該方法分析，可能存在多個方案的優劣程度一樣，無法進行比較。

（1）不保序

由於 TOPSIS 法的理想解 X^* 和負理想解 X^- 是各個方案的函數，隨著方案的增減，X^* 和 X^- 也發生改變，從而導致每個解到理想解和負理想解的距離 S_i^* 和 S_i^- 改變，也就使每個解對理想解的相對接近度 C_i^* 變化，最終的結果使各方案的排序發生變化。

（2）存在多個並列的解

如圖 4-2 所示，對於一個雙目標決策（目標 X 和目標 Y）的問題，X^4 與 X^5 到 X^* 和 X^- 的距離都相等，從而 C_4^* 與 C_5^* 就相等，方案 4 與方案 5 的優劣程度就是一樣的。

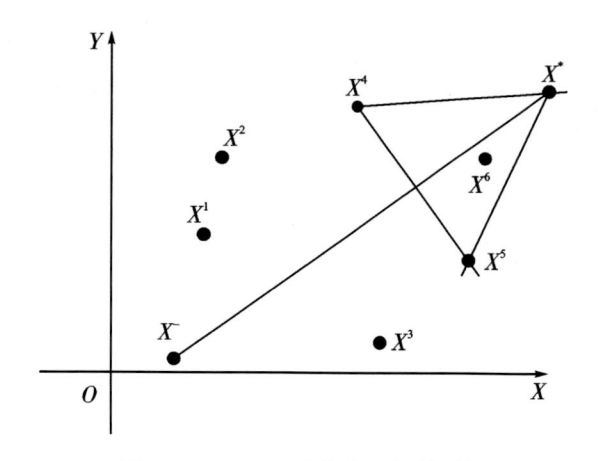

圖 4-2　TOPSIS 法存在多個並列解

推廣到雙目標 n 個方案的決策問題，由於 n 個方案已知，則 X^* 和 X^- 就可以確定，在平面坐標系中我們假設 X^* 的坐標為 (a, b)，X^- 的坐標為 (c, d)，方案 X^i 的坐標為 (x, y)，令 $C_i^* = e$，則有如下方程式：

$$\frac{\sqrt{(x-c)^2 + (y-d)^2}}{\sqrt{(x-c)^2 + (y-d)^2} + \sqrt{(x-a)^2 + (y-b)^2}} = e \qquad (4\text{-}7)$$

通過簡化得到

$$(e^2-2e)\ x^2\ +\ [2a-2c\ (1-e)^2]\ x\ +\ (e^2-2e)\ y^2\ +\ [2b-2d\ (1-e)^2]\ y\ +\ (c^2+d^2)\ (1-e)^2-a^2-b^2=0 \qquad (4-8)$$

此方程代表一條曲線，滿足方程要求的所有方案 $\{X^j\ |\ c\leqslant x\leqslant a, d\leqslant y\leqslant b\}$ 與方案 X^i 的優劣程度是一樣的，也就是說這些方案是並列的。

同理，在 m 個目標的決策中，也同樣存在一組方案（它們滿足一個方程或方程組），具有同等的優劣程度。

4.3.1.3 TOPSIS 法的改進

由於 TOPSIS 法主要用於多方案的優劣排序，無法對一個方案的優劣進行判斷。但我們擬引入 TOPSIS 法，針對具體的某個房地產信託項目進行風險度的評價。為克服 TOPSIS 法原有的一些缺點，需要改進 TOPSIS 法的理想解和負理想解的確定方法，使之更簡單易行，且結果更科學。

由於 TOPSIS 法的理想解 X^* 和負理想解 X^- 是各個方案的函數，隨著方案的增減，X^* 和 X^- 也發生改變，從而導致每個解到理想解和負理想解的距離 S_i^* 和 S_i^- 改變。因此，為了使理想解 X^* 和負理想解 X^- 不隨著方案的增加或減少以及其他因素的改變而改變，可以根據統計資料或經驗確定理想解 X^* 和負理想解 X^-，由此構成 $X^* = (x_1^*,\ x_2^*,\ \cdots,\ x_m^*)$，$X^- = (x_1^-,\ x_2^-,\ \cdots,\ x_m^-)$。

在此基礎上，用式（4-4）、式（4-5）、式（4-6）分別計算出 S_i^*、S_i^- 和 C_i^*，令

$$\beta_i = 1 - C_i^* \qquad (4-9)$$

即可求出方案 i 的風險度。

4.3.1.4 利用改進的 TOPSIS 法評價房地產信託項目的風險度

信託公司面對一個具體的房地產信託項目進行融資決策時，第 3 章中提出了房地產信託項目評價的 22 個三級指標。

三級評價指標均採用專家打分法進行打分來確定分值，且均為百分制，即 $X = (x_1,\ x_2,\ \cdots,\ x_{22})$。可設定對於理想解和負理想解而言，每個三級評價指標的理想值均為 100，每個三級評價指標的負理想值均為 60。

則有

$$X^* = (100, 100, \cdots, 100) \quad (4-10)$$

$$X^- = (60, 60, \cdots, 60) \quad (4-11)$$

根據式（4-4）可計算其至理想解的距離：

$$S^* = \sqrt{\sum_{i=1}^{22}(x_i - 100)^2} \quad (4-12)$$

$$S^- = \sqrt{\sum_{i=1}^{22}(x_i - 60)^2} \quad (4-13)$$

該項目的相對接近度如下：

$$C^* = \frac{S^-}{S^* + S^-} \quad (4-14)$$

該項目的風險度為：$\beta = 1 - C^*$。

4.3.2 三級評價指標法

在第 3 章中，通過三級評價指標法來進行房地產信託項目的選擇決策。其中有 22 個三級指標，三級評價指標均採用專家打分法進行打分確定分值，二級指標 8 個，一級指標 2 個。各級指標均採取 1~9 級的判斷尺度來進行各指標的權重確定。之後，在三級指標分值確定的基礎上，逐級計算各級指標的評價分值，最終得到項目的綜合評價分值 Z_1。將 Z_1 與事先確定的評價基準值 Z_0 進行對比，如 $Z_1 \geq Z_0$，則信託公司為該項目提供融資；如 $Z_1 < Z_0$，則信託公司不為該項目提供融資。

因此，可在三級評價指標法的基礎上，利用該方法得到的綜合評價分值來計算房地產信託項目的風險度。令

$$\beta' = \frac{100 - Z_1}{100} \times \frac{100}{100 - Z_0} = \frac{100 - Z_1}{100 - Z_0} \quad (4-15)$$

根據式（4-15）可以計算出該房地產信託項目的風險度。

4.4 無風險利率和風險利率的確定

要利用資本資產定價模型來確定具體房地產信託項目的融資利率，在評價項目的風險度後，還需要確定無風險利率 R_F 和風險利率 R_M。

4.4.1 無風險利率的確定

確定無風險利率 R_F，可以採用成本加成法。

信託公司要為房地產項目提供融資，首先須籌集到相應資金。信託公司的資金來源可以分為兩個方面：一是信託公司的自有資金，由於自有資金金額較小，對於信託業務開展，一般不考慮自有資金；二是向投資者募集資金，這是需要向投資者支付回報的，市場中有固定回報和浮動回報兩種方式，但絕大部分是支付固定回報。

信託公司除了要向信託投資者支付回報外，在開展信託業務時，還需要發生以下成本：將資金託管給銀行的託管費、印花稅、增值稅、律師費用等。

將信託公司這些成本全部匯總，可以用其所融出資金的一定比例 $\alpha(\alpha>0)$ 來表示。

信託公司對外進行融資，除了要收回成本以外，還需要有一定的利潤，信託公司才有動力。假設信託公司要求最低的利潤率為 $\theta(\theta>0)$，則房地產信託項目的無風險利率為

$$R_F = \alpha + \theta \tag{4-16}$$

在式（4-16）中，α 表示信託公司的成本，其中向投資者支付的回報即信託公司的籌資成本（簡稱信託公司的資金成本）占主要部分，且信託公司的資金成本是變動的，它隨著資本市場的變化而發生變化。α 主要由外部條件決定，信託公司只能被動接受。當資本市場的資金面較寬裕時，信託公司能以較低的成本籌集到資金，α 下降；當資本市場的資金面緊張

時，信託公司須以較高的成本籌集資金，α上升。

式（4-16）中，θ表示信託公司所要求的最低利潤率。θ的取值完全由信託公司自己決定，但信託公司在決定θ的取值時，通常會考慮以下兩方面因素：①信託公司所處的發展階段。如信託公司處於規模快速擴張階段，其對利潤率的要求可能會低一點，θ的取值就小；如果信託公司處於穩健發展階段，其對規模要求就不是那麼強烈，對利潤率的要求可能就會高一些，θ的取值就大。②資本和資產市場的情況。如果社會上資金比較寬裕，可投資的高質量資產較少，即所謂的「資產荒」，則信託公司對利潤率的要求就會低一點，θ的取值就小；如果社會上資金緊張，可投資的資產多，即所謂的「資金荒」，則信託公司對利潤率的要求就會高一點，θ的取值就大。當信託公司為追求規模而對利潤率不關心時，也可能會出現極端情況，即信託公司在無利潤的情況下也希望做某些業務時，θ的取值為0。此時，式（4-16）變為：$R_F = \alpha$。

4.4.2 風險利率的確定

對於要融資的房地產信託項目，信託公司會設置一個底線，只要項目的相關條件低於這個底線，信託公司就不會再對其提供融資。這種情況下，擬融入資金的房地產開發商願意支付的最高融資利率就是風險利率R_M。

風險利率R_M的確定可以用意願調查法對房地產開發商進行調查確定，但更合理的方式是由信託公司的管理層根據資本市場的即時情況以及公司對風險的偏好、風險承受能力集體決策決定。

假設信託公司的管理層組建了一個項目風險管理委員會，風險利率R_M由項目風險管理委員會採取專家打分法和加權平均法確定。

信託公司的項目風險管理委員會由不同的成員組成，主要包括公司的經理層和公司風險管理部門負責人及財務部門的負責人。假設項目風險管理委員會的成員數量為n，用$R_{mi}(i = 1, 2, 3, \cdots, n)$表示第$i$個委員對風險利率$R_M$的打分。

由於項目風險管理委員會的成員在信託公司中處於不同的崗位，位置不同導致其看問題的角度不同；同時，不同的崗位對信託公司的重要性不

同。例如，信託公司的總經理的意見應比其他委員的意見更重要。因此，可以賦予不同的委員以不同的權重。用 r_i 表示第 i 個委員的權重。

因此，在項目風險管理委員會的委員根據自己的判斷對風險利率給出自己的意見後，可以用式（4-17）求出信託公司期望的風險利率 R_M：

$$R_M = \sum_{i=1}^{n} R_{mi} \times r_i \qquad (4-17)$$

風險利率 R_M 應相對固定，可定期或不定期根據外部環境和信託公司內部條件的變化進行調整。

4.5 應用案例分析

以某信託公司提供融資服務的 3 個房地產信託項目為例，對資本資產定價模型用於房地產信託的收益、風險匹配進行驗證分析。

4.5.1 相關數據的確定

對於 3 個項目，信託公司組織內部專家對 22 個指標進行打分，如表 4-1 所示，各級指標的意義、權重與第 3 章案例取值一致。（見表 3-1 和表 3-4）

表 4-1　　　　　3 個房地產信託項目三級指標及其打分

指標	項目 1 打分	項目 2 打分	項目 3 打分
C1. 所在城市	70	93	66
C2. 具體位置	85	95	78
C3. 交通便利程度	83	96	78
C4. 學校	87	91	80
C5. 醫院	50	92	60
C6. 購物	75	95	88
C7. 餐飲、娛樂	70	95	90

表4-1(續)

指標	項目1打分	項目2打分	項目3打分
C8. 住宅、商業、寫字樓等產品的占比情況	75	96	65
C9. 地下車位面積占地上可售面積的比例	60	97	75
C10. 土地獲得成本與周邊平均地價比較	75	93	80
C11. 報建費水準與競爭性項目比較	70	90	70
C12. 項目負責人過往業績	73	93	85
C13. 項目管理團隊從業平均年限	80	95	87
C14. 項目管理團隊學歷及執業資格情況	80	94	83
C15. 總規模	65	92	77
C16. 房地產業務規模	60	90	75
C17. 資產負債率	60	93	73
C18. 存貨	62	95	72
C19. 扣除土地購置費以外的經營性淨現金流	61	96	78
C20. 徵信系統查詢信用記錄及被執行情況	62	93	76
C21. 房地產開發資質等級	65	92	77
C22. 品牌影響力	63	97	85
小計	1,531	2,063	1,591

同時，假設信託公司的綜合成本率 $\alpha = 7.2\%$，信託公司要求的最低利潤率 $\theta = 0.5\%$，則根據式（4-16）得到房地產信託項目的無風險利率為

$R_F = \alpha + \theta = 7.2\% + 0.5\% = 7.7\%$

假設信託公司管理層研究決定：項目三級評價指標法的基準值為 $Z_0 = 70$ 分，項目的風險利率 $R_M = 15\%$。

4.5.2 改進的TOPSIS法和三級評價指標法評價項目風險度的對比分析

運用改進的TOPSIS法，可以計算出至理想解的距離、至負理想解的距離、相對接近度以及項目的風險度如表4-2所示。

表 4-2　　　　　　　　改進的 TOPSIS 法計算風險度

項目	S^*	S^-	C^*	β
項目 1	149.38	63.21	0.30	0.70
項目 2	30.74	158.70	0.84	0.16
項目 3	137.95	74.24	0.35	0.65

運用三級評價指標法，計算出各個項目的綜合評分及風險度如表 4-3 所示。

表 4-3　　　　　　　　三級評價指標法計算風險度

項目	Z_1	β'
項目 1	72.33	0.92
項目 2	93.66	0.21
項目 3	73.65	0.88

對照表 4-2 和表 4-3，可知兩種方法計算出來的風險度變化方向上都是一致的，項目 2 的風險度最低，項目 1 的風險度最高。同時，用三級評價指標法計算風險度的數值均高於用改進的 TOPSIS 法計算出的數值，原因主要有以下兩個方面：①改進的 TOPSIS 法在確定三級評價指標的負理想值時，將之確定為 60，而三級評價指標法確定的基準值為 $Z_0 = 70$ 分。②三級評價指標法中，對每一級的指標均賦予不同的權重，而改進的 TOPSIS 法中沒有使用權重。

當然，對於使用第 3 章所研究的房地產信託項目選擇模型來進行項目選擇決策的前提下，使用三級評價指標法來評價房地產信託項目的風險度更合理、更準確。否則，可以直接使用改進的 TOPSIS 法來評價房地產信託項目的風險度，效果亦較好。

4.5.3　項目收益與風險匹配分析

根據上述數據及資料，可以計算出兩種方式下信託公司對 3 個房地產信託項目提供融資時應收取的融資利率如表 4-4 所示。

表 4-4　　　　　　　　兩種方式下計算出的融資利率

項目	改進的 TOPSIS 法		三級評價指標法	
	β	$R/\%$	β'	$R'/\%$
項目 1	0.70	12.83	0.92	14.43
項目 2	0.16	8.88	0.21	9.24
項目 3	0.65	12.45	0.88	14.11

從表 4-4 可以看出，不管在哪種方式下，對於風險度越高的房地產信託項目，信託公司收取越高的融資利率，來實現收益與風險的匹配。

4.6　總結及建議

房地產業務是信託公司利潤的一個重要來源，信託公司對此項業務非常重視。但是，房地產信託項目存在各種各樣的風險。信託公司對房地產信託項目提供融資時，應根據項目的不同風險水準來決定其不同的融資利率。

通過引入資本資產定價模型，應用資本資產定價模型的思維能夠較好地解決信託公司對房地產信託項目收益與風險匹配的問題。

要實現收益與風險的匹配，最困難的是確定具體項目的風險水準。通過兩種方式解決房地產信託項目風險度測量問題：一是採用改進的 TOPSIS 法，二是採用三級評價指標法。並且，在信託公司使用三級評價指標法來進行項目選擇決策的前提下，使用三級評價指標法來評價房地產信託項目的風險度更合理、更準確。否則，可以直接使用改進的 TOPSIS 法來評價房地產信託項目的風險度，效果亦較好，以此驗證了 CAPM 模型匹配收益和風險的有效性。

信託公司根據房地產信託項目不同的風險水準來決定對其提供融資的利率，實現了收益與風險的匹配，對於公司內部各業務團隊開展業務更為

公平；同時，也使公司的收益最大化。

為便於信託公司更好地科學決策，提高公司的營運效率和利潤水準，提出以下建議：

（1）對不同項目收取不同的資金成本，體現公平原則。信託公司根據房地產信託項目不同的風險水準來決定對其提供融資的利率，實現收益與風險的匹配，對於公司內部各業務團隊開展業務更為公平，對業務人員能起到更好的激勵作用；同時，也使同一風險水準下的信託公司收益最大化，能獲取更高的利潤。

（2）重視風險的識別和管理，避免項目風險發生。項目風險的識別是風險度量的基礎，信託公司拓展房地產信託業務時，首先應識別出項目可能存在的風險。在項目實施過程中，信託公司應對項目加強主動管理，隨時掌控項目動態和進展，發現問題後及時採取措施應對，及早解決，避免項目風險發生。

（3）根據市場及環境變化，及時調整對無風險利率與風險利率的預期。為保證決策的科學性，實現收益與風險更合理匹配，信託公司應根據市場及環境的變化，及時對房地產信託項目選擇評價的基準值、無風險利率和風險利率的取值按照書中介紹的方法進行調整，以使決策結果更貼近市場、更科學。

（4）將本研究成果推廣至其他信託業務領域。本研究的相關模型主要針對房地產信託業務，信託公司可將本研究成果擴大運用到其他信託業務領域，優化資金資源的配置，全面實現公司業務收益與風險的匹配，在同一風險水準下最大化公司利益。

5　股權投資類房地產信託項目選擇及利益分配研究

　　信託牌照賦予信託公司的最大功能是投資管理，在房地產信託領域，大部分業務是融資信託，還有些是「明股實債」，明面上以信託股權形式進入，實質是與開發商簽訂了兜底協議和股權回購協議，信託公司獲取事先約定的固定回報，不真正承擔項目風險。不過也有一些信託公司在積極探索房地產項目的真正股權投資，獲取房地產項目的超額收益，為房地產信託業務發展創立新的模式。

　　信託公司要實施股權投資類房地產信託項目，項目既可以來源於信託公司自己尋找，也可以來源於房地產開發商提供的項目。按照一定的標準選擇好項目後，信託公司與開發商一起實施項目。

　　但是，信託公司作為金融機構，其優勢在於金融領域，而不是房地產項目開發的具體實施。按照專業分工理論，專業的人做專業的事，信託公司即使對房地產項目進行真正的股權投資，也需要把項目開發的具體工作交給專業的房地產開發商，信託公司只是對項目進行監管。

　　信託公司真正股權投資房地產項目，可以分為兩種情況：①信託公司對房地產項目100%持股，項目的開發管理工作委託房地產開發商實施；②信託公司與房地產開發商共同持股房地產項目，開發工作由房地產開發商負責。不管是上述哪種情況，信託公司都希望房地產開發項目開發利潤最大化，信託公司除了對房地產項目收取融資利息外，還希望股權投資獲取的投資回報最大化。為此，需要設計好信託公司與房地產開發商之間的

利益分配機制，充分調動房地產開發商的積極性，使房地產開發項目的利潤提升，從而使信託公司的股權投資回報上升。

5.1 股權投資類房地產信託項目來源及選擇

5.1.1 股權投資類房地產信託項目來源分析

信託公司要股權投資房地產項目，首先需要收集信息，根據收集的信息從多個候選項目中選擇合適的項目。項目確定以後，根據項目情況以及與開發商的溝通、談判情況，信託公司再確定自己對項目公司是100%控股還是參股。

5.1.1.1 項目信息來源

為進行股權投資，信託公司要尋找、儲備項目信息。

1. 信託公司自己尋找項目

信託公司在多年的業務活動中，累積了較廣的社會公共資源，與政府部門、機構接觸較多。平常，信託公司可主動收集房地產土地的相關信息，在條件成熟時，再深入瞭解土地情況，進行項目調研、論證。

同時，信託公司也應多關注地方政府國土部門的土地「招拍掛」信息。隨著中國行政改革的推進，「公開、公平、公正」原則在政府行政的相關領域得到越來越多的體現，房地產開發用地基本已採取「招拍掛」的形式進行出讓，地方政府的國土部門會按照規定的提前時間在相關媒體（包括國土部門的官方網站）進行信息公告。信託公司收集到土地的招拍掛信息後，對於初步感興趣的地塊，可以組織項目的前期調研和論證。如認為項目初步可行，則可參與相應地塊的「招拍掛」競買。如土地競買成功，則可以實施項目。

2. 房地產開發商提供的項目

信託公司屬於金融機構，主業是為社會相關方提供金融服務。因此，

信託公司可能對於房地產土地或項目信息的收集不太關注，可以借助房地產開發商的優勢，來尋找合適的項目。

房地產信託業務在大部分信託公司中佔有較大比重，向信託公司尋求融資的房地產開發商較多。當房地產開發商向信託公司進行融資時，信託公司可以對標的項目進行考察、調研、評價，對於認為利潤空間大的項目，可以與開發商進行協商，信託公司對項目進行股權投資，與開發商合作開發該項目。

5.1.1.2 項目實施方式

信託公司股權投資房地產項目，可以有兩種方式：一種是100%持有項目股權，另一種是部分持有項目股權。

1. 信託公司100%持股房地產信託項目

信託公司對於自己尋找的項目，可以考慮由信託公司100%持股該項目，承擔項目風險，享受項目收益。

對於房地產開發商提供的項目，如果信託公司對項目非常看好，也可以與開發商協商，項目股權全部交給信託公司。但這種情況較少發生，一般情況下，開發商對於其擬向信託公司融資的項目，都比較看好項目本身，要其全部放棄項目的股權，可能性較低。

不管哪種來源，對於信託公司100%持股的房地產項目，信託公司一般都會將項目的具體開發工作委託給專業的房地產開發公司，聘請其代為開發管理。

2. 信託公司部分持股房地產信託項目

對於自己尋找的項目，信託公司也可以考慮與房地產開發商進行股權合作，共同持股項目，雙方風險共擔、利益共享。

對於房地產開發商提供的項目，信託公司在與開發商溝通後，大部分情況下都是部分持有項目的股權，由開發商主導項目的開發。

信託公司對於具體的房地產信託項目，是100%持股還是部分持股，主要取決於以下幾方面因素，需要綜合考慮：①項目來源及項目本身情況；②信託公司與開發商的溝通、談判情況；③信託公司與開發商的利益分配機制，是否能充分調動開發商的工作積極性。其中第三個因素比較重

要，也是接下來重點研究的內容。

5.1.2 股權投資類房地產信託項目選擇概述

信託公司收集到房地產項目的信息後，要先就項目本身是否值得投資進行判斷。認為項目好，才進一步與開發商進行溝通，就股權比例及利益分配進行協商、談判。

判斷一個項目是否具有投資價值，是否選擇該項目實施，主要從兩個方面的指標來進行分析、決策：財務經濟指標和風險指標。

信託公司可結合公司的具體情況，根據計算出的財務經濟指標和風險指標，對項目進行綜合評判，作出是否選擇該項目的決策。

5.1.2.1 財務經濟評價指標

對項目進行財務經濟評價，通過對相關指標的計算，判斷項目是否經濟上可行。按照是否考慮資金的時間價值，可以將財務經濟評價指標分為靜態評價指標和動態評價指標。

1. 靜態評價指標

靜態評價指標主要包括總投資收益率、項目資本金淨利潤率、銷售淨利潤率、投資回收期等。

2. 動態評價指標

動態評價指標主要包括項目投資財務淨現值、項目全投資財務內部收益率、項目資本金財務內部收益率、投資各方財務內部收益率、動態投資回收期等。

5.1.2.2 風險評價指標

除了經濟上可行，信託公司還得考慮項目風險情況。如果項目的風險在公司可接受範圍內，則可以實施該項目；如項目風險大，超出公司的承受度，則不實施該項目。第3章對融資類房地產項目的風險度評價進行了深入研究，此處可參照該研究方法對項目的風險度進行評價，表3-1中，選取二級指標 B1 至 B4，三級指標 C1 至 C11 對項目進行風險度的評價。

5.2 利益分配的理論基礎

關於如何在合作體成員企業之間進行收益分配，眾多國內外學者分別從能力、投入、貢獻、風險分擔等多個方面進行研究，提出相應的利益分配方法。2005年，魏修建從供應鏈的資源構成以及這些資源對供應鏈的貢獻程度的角度探討了供應鏈利益分配問題[50]。Chauhan 和 Porth 2005 年提出了供應商——零售商二級供應鏈系統的收益分配模型，認為應根據供應鏈上每個成員企業承擔的風險比例分配整個供應鏈的總體收益[34]。

具體的利益分配方法主要有：①夏普利值法（Shapley 值法）；②最大最小費用法（minimum cost-remaining savings，MCRS）；③群體重心模型；④ Nash 談判模型。而夏普利值法的歷史較長，應用較廣。

5.2.1 Shapley 值法

Shapley 值法是由 Shapley 於 1953 年提出的，故以其名字命名，該方法是一種較早對利益分配問題從定量方面進行研究的方法。Shapley 值法比較簡單，卻又能合理地實現合作活動的總體利益在各成員之間進行公平有效的分配，應用廣泛。

Shapley 值法的基本思想是：每個成員分配的收益應以他在供應鏈或聯盟中的「貢獻」為依據，對各成員貢獻大小的判定根據是其為合作帶來的利益創造能力，根據各成員給供應鏈或聯盟帶來的增值比例來進行分配收益。當有 n 個成員從事某些經濟活動時，對於他們當中若干人組合的每一種形式，都會得到對應的效應，當成員之間的利益活動為非對抗性時，合作中成員人數的增加不會引起效益的減少。這樣，全體 n 個成員的合作將帶來最大效益，Shapley 值法是分配這個最大效益的一種分配方案。

設由 n 個成員組成的集合為 N，S 為 N 中的任一子集，S 表示 n 人集合中任一組合，$V(S)$ 稱為組合 S 的特徵函數，表示組合 S 的最大收益。函數

滿足以下條件：$V(\Phi) = 0$，Φ為空集；$V(S_1 \cup S_2) \geqslant V(S_1) + V(S_2)$，$S_1 \cap S_2 = \Phi$。此時，稱 $[N, V]$ 為 N 人合作對策。

用 X_i 表示集合 N 中的成員 i 從合作的最大收益 $V(N)$ 中應分配的部分，$X = (X_1, X_2, \cdots, X_n)$ 叫作合作對策的分配。則有：

① $V(S) > \sum_{i=1}^{s} V(i)$，說明合作情況下的整體收益大於各成員獨立運作時所得的收益之和。

② $X_i \geqslant V(i)$，$i = 1, 2, \cdots, n$，其中 $V(i)$ 是成員 i 不與其他成員合作時的收益。這是個體理性的體現，表示成員 i 從合作中所分配的收益不小於其單獨運作時所獲得的收益。

N 人合作對策有許多解，尋求最為合理的唯一解就是解決問題的目標。

用 $\varphi_i(V)$ 表示成員 i 能夠從合作總收益中獲得的收益，表示一種特定的分配。$\Phi(V) = \{\varphi_1(V), \varphi_2(V), \varphi_3(V), \cdots, \varphi_n(V)\}$ 為一個分配方案，其中：

$$\varphi_i(V) = \sum_{s \in s_i} w(|s|)[v(s) - v(s \setminus i)], \quad i = 1, 2, \cdots, n \qquad (5-1)$$

$$w(|s|) = \frac{(n - |s|)!\,(|s| - 1)!}{n!} \qquad (5-2)$$

s_i 是 I 中包含 i 的所有子集，$|s|$ 是子集中的元素數目，$w(|s|)$ 是加權因子。

Shapley 值法是一種出自概率的解釋。假定成員依隨機次序進行合作，假定各種次序發生的概率相等，均為 $\frac{1}{n!}$。成員與前面 ($|s|-1$) 人形成合作 S，成員 i 對聯盟或供應鏈的貢獻為 $[V(S) - V(s \setminus i)]$（邊際貢獻）。$(s \setminus i)$ 與 $(N \setminus s)$ 的成員相繼排列的次序共有 $(n - |s|)!\,(|s| - 1)!$ 種，則各種次序出現的概率就是 $\frac{(n - |s|)!\,(|s| - 1)!}{n!}$。根據解釋，成員 i 所做貢獻的期望值就是 Shapley 值。Shapley 值法按照合作中各成員企業的貢獻大小進行利益分配，在較大程度上體現了利益分配的「公平性」與「合理性」。

5.2.2 最大最小費用法

最大最小費用法（minimum cost-remaining savings，MCRS）起初用於合作對策中費用分擔的模型求解，後來應用到合作利益分配方面。

在利益分配之前，首先確定利益分配向量的上下界：

$$X_{\min} \leq X \leq X_{\max} \tag{5-3}$$

其中，$X_{\min} = \min(p_1, p_1, \cdots, p_n)$，$X_{\max} = \max(q_1, q_1, \cdots, q_n)$。

將點 $X_{\min}$ 與點 $X_{\max}$ 的連線和超平面 $\sum_{i=1}^{n} x_i = V(N)$ 的焦點 X^* 作為解值。可得到式（5-4）：

$$\left. \begin{array}{l} X = X_{\min} + \lambda (X_{\max} - X_{\min}) \\ \sum_{i=1}^{n} x_i = V(N) \end{array} \right\} \tag{5-4}$$

在此，可直接定義：$X_{\max} = V(s) - V(s - \{i\})$，$\forall i \in N$；$X_{\min} = u$。

也就是將各個成員的理想收益和單獨行動收益分別作為他的最高和最低收益分配極限。

最大最小費用法計算簡單，實用性強。它和 Shapley 值法比較相似，亦需要估算不同組合情況下的經濟收益，以此來確定每個成員理想收益的最高和最低分配量。

5.2.3 群體重心模型

群體重心模型是把各收益分配方案集結成為群體可能接受的比較公平的收益分配方案。群體重心模型法的基本思想是：尋找一種距離理想分配方案最近的分配方案集，將其記為 P。如果供應鏈或聯盟中存在 n 個成員企業，利益分配向量 $P = \{x_1, x_2, \cdots, x_n\}$。假如存在 m 種理想的利益分配方案，其中第 i 種理想方案為 $P_i = \{a_{i1}, a_{i1}, \cdots, a_{in}\}$。

引進一個特殊效用函數，用方案 P 與理想方案 P_i 的距離表示方案 i 的損失。如式（5-5）所示。

$$d_{i(p)} = [(x_1 - a_{i1})^2 + (x_2 - a_{i2})^2 + \cdots + (x_n - a_{in})^2]^{1/2} \tag{5-5}$$

由於每個成員都可能對利益分配方案不滿意，所以，定義一個群體損失函數 $f(p)$，如式（5-6）所示：

$$f(p) = d_1^2(p) + d_2^2(p) + \cdots + d_m^2(p) \qquad (5\text{-}6)$$

$f(p)$ 表示成員損失函數的平方和，$f(p)$ 是群體所有成員對方案 p 的不滿意度。

進行群體決策時選擇一個合適方案，使 $f(p)$ 達到最小。$f(p)$ 在可行集上非負、可導，因此，求 $f(p)$ 對變量 x_j 的偏導數，如式（5-7）所示。

$$\frac{\partial f}{\partial x_j} = 2(x_j - a_{1j}) + 2(x_j - a_{2j}) + \cdots + 2(x_j - a_{mj}) \qquad (5\text{-}7)$$

其中：

$$x_j = \frac{1}{m} \sum_{i=1}^{n} a_{ij} \qquad (5\text{-}8)$$

由此可得到群體決策的結果，如式（5-9）所示。

$$P = (x_1, x_2, \cdots, x_n) = \frac{1}{m} \sum_{i=1}^{n} (a_{i1}, a_{i2}, \cdots, a_{in}) = \frac{1}{m} \sum_{i=1}^{m} P_i \qquad (5\text{-}9)$$

群體重心模型具有較強的實用性和科學性，從表面上看它是尋找一種調和方案，但本質上卻有其合理性。尋找調和方案的過程正是一種相互協調和補充的過程，由此來減少片面性和考慮不周造成的失誤。

5.2.4　Nash 談判模型

在供應鏈和聯盟的運作過程中，通常需要通過成員之間的相互協商來解決收益分配問題。實施協商時，如果各成員企業都能夠遵守一定的「合理性」假設，那麼 Nash 談判模型即為滿足這些「合理性」假設的解。

1950 年和 1951 年，納什發表了兩篇關於非合作博弈論的重要論文，證明了非合作博弈及其均衡解，並證明了均衡解的存在性，這就是著名的納什均衡。納什均衡的唯一理性解 $U = (u_1, v_1)$ 應滿足 $(u_1, v_1) \in P$（在可行集內），$u_1 \geq u_0$，$v_1 \geq v_0$，且使 $(u_1 - u_0)(v_1 - v_0)$ 的值最大。

假設供應鏈或聯盟由 n 個成員組成，$N = (1, 2, \cdots, n)$ 為全體成員的集合。供應鏈的總收益為 $V(N)$，u_i 表示企業 i 的效用函數。談判的起點為

$d = (d_1, d_2, \cdots, d_n)$，亦稱為現狀點，用它表示談判破裂時的衝突點，在供應鏈中表示各成員所願意接受的利益分配下界。設利益分配向量為 $\boldsymbol{X} = (x_1, x_2, \cdots, x_n)$，則 $\boldsymbol{X} = (x_1, x_2, \cdots, x_n)$ 為式（5-10）所示規劃問題的最優解：

$$\text{MAX} \prod_{i=1}^{n} [u_i(x_i) - u_i(d_i)]$$

$$\text{s.t.} \begin{cases} \sum_{i=1}^{n} x_i = V(N) \\ x_i \geq d \end{cases} \quad (5\text{-}10)$$

隨後需確定利益分配的下界值。假設對於 n 個成員而言，存在一個分配向量滿足以下兩個條件：① $\sum_{i=1}^{n} x_i = V(N)$；② $x_i = v_i$。其中 v_i 表示成員企業 i 單獨運作時的收益。

條件①表示各成員所分配的收益之和為供應鏈或聯盟的最大總收益；條件②表示各成員所分配的收益大於其單獨運作的收益。

所以，各成員單獨運作的收益可以作為利益分配的下界值。即 $(d_1, d_2, \cdots, d_n) = (v_1, v_2, \cdots, v_n)$。只要滿足下界值的要求，談判就不會破裂。

5.3 信託持有全部股權的房地產信託項目利益分配研究

如前所述，信託公司股權投資房地產信託項目，有兩種情況，其中一種情況是信託公司對房地產項目100%持股，將項目的開發管理工作委託給專業的房地產開發商。這種情況下，信託公司如何設計合理的利益分配模式，來充分調動房地產開發商的工作積極性，最大化項目及合作雙方的收益，需要信託公司充分重視。

關於如何在合作體成員之間進行收益分配，國內外很多學者分別從成員的能力、投入、貢獻、風險分擔等多個方面進行分析，建立數學模型，研究了相應的收益分配方法。並且，有時成員間進行利益分配的依據並不單純是一個因素，經常將能力、投入及貢獻綜合到一起進行考慮，有時也將風險分擔因素納入。但總體來講，能力和投入最終還是體現為成員對合作體的貢獻，即使成員再有能力，但其能力不能轉化為對合作體的貢獻，合作體實現的收益也不會向其傾斜分配。因此，本研究主要以成員對合作體的貢獻作為合作體成員間利益分配的依據。

對於股權投資類房地產信託項目而言，合作體主要考慮信託公司和房地產開發商兩個成員。房地產屬於資金密集型和智力密集型行業，對於一個具體的房地產信託項目，主要由信託公司為其提供資金，由房地產開發商為其提供智力管理。信託公司與房地產開發商優勢互補、強強聯合，以信託公司提供資金支持為基礎，憑藉開發商的專業管理能力，促使房地產信託項目實現計劃目標，取得成功，實現雙贏。

5.3.1 基本定義和假設

房地產開發項目的利潤主要與兩個因素有關：成本和銷售價格。因此，要提高房地產項目的利潤，也需要從這兩個方面入手。

為便於分析，作如下基本定義和假設：

（1）信託公司佔有房地產項目100%股權，聘請房地產開發商開發管理項目，房地產開發商對項目無股份。

（2）假設房地產項目開發出的產品全部進行銷售，並不進行自持。

（3）對於一個具體的房地產項目，可銷售產品數量是固定的，為Q，在該項目的設計方案確定後就不能再改變。

（4）雖然房地產市場受調控等因素影響，整體波動較大；但這種整體波動，屬於房地產市場的系統性風險，並不只是影響某個房地產項目。因此，為便於研究，不考慮房地產整體市場的影響。此處假設房地產項目產品的售價主要與開發商的努力程度（包括產品本身及行銷）相關。

（5）假設周邊同類項目、同類產品的銷售均價為$\bar{p}$，正常情況下，本

房地產項目銷售價格與周邊項目銷售均價一致。

（6）假設周邊同類項目單位平均成本為 $\bar{C}$，正常情況下，本房地產項目的單位成本與周邊項目一致。

（7）正常情況下，房地產項目單位產品的平均利潤為：

$$\bar{\pi} = \bar{p} - \bar{C} \tag{5-11}$$

該利潤亦稱為房地產信託項目的單位計劃利潤。

（8）房地產項目實際的產品單位利潤與開發商的工作密切相關，開發商工作努力、有創造性，則一方面可以降低項目開發成本，另一方面可以提升項目產品銷售價格。從而，開發商的努力可以提升房地產項目的單位產品利潤。

假設房地產項目在開發商的努力下，單位產品的利潤有異於正常情況下的平均利潤，其單位產品的利潤為

$$\pi = \bar{\pi} + rG - C_1 \tag{5-12}$$

式（5-12）中，G 為開發商努力程度達到極致時項目單位產品利潤能提升的最大空間，$G > 0$，是常量，它與項目本身有關，令 $G = \alpha\bar{p}$（$0 < \alpha \leq 1$）；r 為開發商努力工作的效果，$0 \leq r \leq 1$。

式（5-12）中，C_1 為開發商努力工作額外增加的成本。開發商努力工作會增加成本，主要是知識和人力投入，為隱性成本，用 C_1 表示。C_1 與開發商的努力程度 e 呈正相關，$C_1 = g(e)$，$C_1' > 0$；同時，假設開發商努力工作的邊際成本為常數，$C_1'' = 0$。假設開發商的成本函數為：$C_1 = De$。其中，$D > 0$，為正常情況下項目單位產品平均銷售價格的一定比例，$D = \varepsilon\bar{p}$（$0 \leq \varepsilon \leq 1$）。則開發商的成本函數為

$$C_1 = e\varepsilon\bar{p} \tag{5-13}$$

開發商工作努力的效果 r 主要與開發商的努力程度 e（$0 \leq e \leq 1$）相關，$r = h(e)$。r 與 e 成正相關，即 $\frac{\partial r}{\partial e} > 0$；且開發商的知識投入對效果 r 的邊際貢獻遞減，即 $\frac{\partial^2 r}{\partial e^2} < 0$。在此基礎上，不失一般性，設開發商努力工作的效果函數為

$$r = ke^{1/2} \tag{5-14}$$

式（5-14）中，k 為開發商知識投入的效率係數，$0 < k \leqslant 1$。

5.3.2 比例支付管理費模式下的利益分配分析

信託公司 100% 持有房地產項目股權，委託開發商進行項目的開發管理，向開發商支付管理費。

信託公司向開發商支付管理費最普通的模式是按項目單位平均成本 $\bar{C}$ 的一定比例 $\lambda(0 < \lambda < 1)$ 支付，一般情況下 λ 的取值低於 5%。支付管理費後，項目其他的收入和利潤均歸信託公司所有。

但為了激勵開發商工作的積極性，提高房地產項目的利潤水準，信託公司在按單位平均成本 $\bar{C}$ 的一定比例 λ 支付開發商固定的管理費以外，還可以將因開發商努力工作導致項目單位產品利潤提升部分與開發商進行共同分配。

5.3.2.1 建立模型

在信託公司按項目單位平均成本一定比例 λ 支付開發商管理費的情況下，房地產項目的單位產品利潤如式（5-12）所示。將式（5-13）、式（5-14）代入式（5-12），計算整理後得到

$$\pi = \bar{\pi} + \alpha \bar{p} k e^{1/2} - e\varepsilon\bar{p} \tag{5-15}$$

對於信託公司而言，房地產項目單位產品的收益等於項目的單位產品利潤減去信託公司支付給房地產開發商的管理費，即

$$\pi_1 = \pi - \lambda \bar{C} \tag{5-16}$$

將式（5-15）代入式（5-16），得到

$$\pi_1 = \bar{\pi} + \alpha \bar{p} k e^{1/2} - e\varepsilon\bar{p} - \lambda \bar{C} \tag{5-17}$$

對於房地產開發商而言，其收益為信託公司支付的管理費減去其努力工作額外增加的成本，即

$$\pi_2 = \lambda \bar{C} - C_1 \tag{5-18}$$

將式（5-13）代入式（5-18），得到

$$\pi_2 = \lambda \bar{C} - e\varepsilon\bar{p} \tag{5-19}$$

5.3.2.2 模型求解及分析

從整個房地產開發項目效益最大化出發，一方面，需要房地產開發商努力工作，充分發揮主觀能動性，使項目盡量適應市場需求，提升項目產品的售價；另一方面，也需要房地產開發商加強項目管理，加強成本管控，盡量降低項目成本。

式（5-15）兩邊對 e 求偏導，整理得到

$$\frac{\partial \pi}{\partial e} = \frac{1}{2}\alpha \bar{p} k (e)^{-1/2} - \varepsilon \bar{p} \tag{5-20}$$

$$\frac{\partial^2 \pi}{\partial e^2} = -\frac{1}{4}\alpha \bar{p} k (e)^{-3/2} \tag{5-21}$$

根據前述定義和假設，可知 $\frac{\partial^2 \pi}{\partial e^2} < 0$，則 π 對於 e（$0 \leq e \leq 1$）的圖形是凸的，π 有極大值。

令 $\frac{\partial \pi}{\partial e} = 0$，可求得為使整個房地產項目利潤最大，房地產開發商的工作努力水準：

$$e^0 = \frac{\alpha^2 k^2}{4\varepsilon^2} \tag{5-22}$$

在式（5-22）中，$\bar{p}$ 表示周邊同類型項目的產品平均售價，根據對周邊項目的調查統計分析得到，為常量；ε 代表開發商努力工作的最大成本占周邊同類項目產品平均售價的比例，也是根據統計分析得到，也為常量。式（5-22）中，只有開發商知識投入的效率系數 k 為變量。由此可得到如下推論。

推論 5-1：在按比例支付管理費情況下，為使整個房地產開發項目的利潤最大，房地產開發商的工作努力程度與其知識投入的效率系數平方成正比。

將式（5-22）代入式（5-15），可得到整個房地產項目利潤的最大值 π^0。

式（5-17）兩邊對 λ 求偏導，得到

$$\frac{\partial \pi_1}{\partial \lambda} = -\bar{C} \tag{5-23}$$

由定義和假設可知，$\frac{\partial \pi_1}{\partial \lambda} < 0$，表明信託公司從自身利益出發，希望支付給房地產開發商的管理費盡量低。

式（5-19）兩邊對 λ 求偏導，得到

$$\frac{\partial \pi_2}{\partial \lambda} = \bar{C} \tag{5-24}$$

由定義和假設可知，$\frac{\partial \pi_2}{\partial \lambda} > 0$，表明房地產開發公司從自身利益出發，希望得到的管理費盡量高。

式（5-19）兩邊對 e 求偏導，得到

$$\frac{\partial \pi_2}{\partial e} = -\varepsilon \bar{p} \tag{5-25}$$

由定義和假設可知，$\frac{\partial \pi_2}{\partial e} < 0$，表明房地產開發商從自身利益出發，希望付出的額外努力水準 e 盡量低，直至

$$e^* = 0 \tag{5-26}$$

比較式（5-22）和式（5-26），可知在式（5-22）中，$e^0 > 0$。因此，$e^0 > e^*$。

將式（5-26）代入式（5-15），可得到 $\pi = \bar{p} - \bar{C}$，此時 $\pi = \bar{\pi}$，表明該種情況下房地產項目只能得到與周邊項目類似的平均利潤。

推論 5-2：在按比例支付管理費情況下，信託公司和房地產開發商對於管理費的比例要求存在矛盾。並且房地產開發商願意付出的額外工作努力程度低於項目整體利潤最大化需要開發商付出的工作努力程度。

5.3.3 房地產開發商參與超額利潤分配的利益分配分析

在信託公司持有房地產項目 100%股份的情況下，信託公司按普通的方式支付房地產開發商一定比例 λ 的管理費，不能起到較好地調動房地產開發商積極性的作用，項目也只能獲取與周邊項目類似的平均利潤。

為此，信託公司可以改變思路，讓房地產開發商參與由其努力工作所帶來的項目超額利潤的分配，以此來調動開發商的工作積極性。

在房地產開發商參與項目超額利潤分配時，也可以採用「分級分成」的模式來對其進行分析。

5.3.3.1 分級分成利益分配模式介紹

分級分成利益分配模式的基本思想是：對於一個合作項目，根據不同成員在每個階段對項目的貢獻度不同，將不同層級的利潤按不同的比例在合作成員之間進行合理分配。

現實生活中，商品的分級定價在一定角度較好地體現了利益分級分成的思路，尤其是在電力產品消費定價中研究較多[99-101]。在居民用電消費的分級定價中，處於基礎用量範圍內的起始電價較低；超過一定用電量，則按照較高的價格收費；用戶用電再往上超過一定用電量，則按更高的價格進行懲罰性收費。用電消費的分級定價是一種懲罰性商品定價方法，反過來，分級分成利益分配卻是一種激勵性方法。通過這種激勵性收益分配，來充分調動合作各方的積極性，使各方的工作努力程度更高，對合作體作出更大的貢獻，使合作的產出更大、收益更高。

現實生活中，拍賣行業和房地產銷售代理實行的是典型的分級分成利益分配。在拍賣和房地產銷售代理的不同階段，合作各方對合作體的貢獻是不同的。從房地產銷售代理來看，銷售代理商接受開發商的委託，承擔房地產項目的銷售工作。在房地產項目進入實施階段，項目的設計確定，進入施工以後，項目產品的屬性就固化下來了，項目產品的價值也基本確定了。此時，該房地產項目產品價格形成的基礎就是項目產品本身，已經確定；能否賣出更高的價格，主要與銷售代理商的能力和工作努力程度相關。假設該區域競爭性項目同類產品的平均銷售價格為 $\bar{P}$，如果銷售代理商工作積極性高，認真進行行銷策劃，想方設法進行行銷推廣，則在銷售代理商的強力行銷下該項目的實際銷售價格 P 可能就會高出 $\bar{P}$。這種情況比較常見，一個區域相鄰的兩個樓盤，其區位、產品類型都差不多，但一個樓盤的售價卻比另一個樓盤高得多。

以區域內競爭性項目同類產品平均售價 $\bar{P}$ 作為基準，在實際銷售過程

中，項目產品的售價可能會超過基準$\bar{P}$，實際銷售價格超過$\bar{P}$的幅度可以分成很多級。項目的實際銷售價格越高，則項目就能獲得超出同類競爭性項目越多的超額利潤。就項目的超額利潤而言，超額利潤越高，開發商所起的作用越小，而銷售代理商所起的作用卻越大，貢獻主要來自銷售代理商的努力工作。拍賣行業亦是如此，委託人將拍賣品交給拍賣行後，拍賣品能以超過基礎價（起拍價）多高的價格成交，主要取決於拍賣行的工作，而與委託人關係不大。

對於信託公司將房地產項目委託給房地產開發商管理的情況，該項目能實現多少超過周邊類似項目平均利潤的超額利潤，主要取決於房地產開發商的工作。前面分析到，如果只是按照普通的方式按項目平均成本的一定比例支付管理費，房地產開發商的積極性得不到充分調動，項目可能只能實現與周邊類似項目差不多的平均利潤，超額利潤無法實現。但是，如果能根據項目實現的超額利潤的不同區段，隨之調整房地產開發商的收益分配比例，體現其在不同超額利潤區段的貢獻，就能更好地激勵房地產開發商做好項目的相關工作，使項目能夠提高銷售價格、降低成本，提高項目總體的利潤水準，從而增加雙方的收益。

5.3.3.2 建立模型

假設信託公司與房地產開發商按分級分成的模式進行房地產信託項目的超額利潤分配。為便於分析，此處分析採用兩級收益分配模式，在區域類似項目平均利潤水準$\bar{\pi}$範圍內，信託公司按類似項目單位平均成本$\bar{C}$的一定比例λ支付開發商管理費；對於超額利潤$(\pi - \bar{\pi})$，信託公司與房地產開發商共同分配，而不是由信託公司一家獨享。假設對於超額利潤，房地產開發商分配的比例為$\eta(0 < \eta < 1)$，信託公司分配的比例為$(1 - \eta)$。

房地產開發商參與超額利潤分配模式下，房地產信託項目的單位產品利潤函數不發生變化，如式（5-15）所示。

對於信託公司，房地產信託項目的超額利潤不再由其獨享，信託公司對單位產品分配的收益等於項目的單位產品利潤減去支付給房地產開發商的管理費再減去超額利潤中房地產開發商分配的部分，即

$$^1\pi_1 = \pi - \lambda \bar{C} - \eta(\pi - \bar{\pi}) \qquad (5\text{-}27)$$

將式（5-15）代入式（5-27），得到

$$^1\pi_1 = \bar{\pi} + \alpha\bar{p}ke^{1/2} - e\varepsilon\bar{p} - \lambda\bar{C} - \eta(\alpha\bar{p}ke^{1/2} - e\varepsilon\bar{p}) \tag{5-28}$$

對於房地產開發商而言，除了獲得管理費以外，還可以分享由其努力工作帶來的項目超額利潤。此時，房地產開發商的單位產品收益為

$$^1\pi_2 = \lambda\bar{C} - C_1 + \eta(\pi - \bar{\pi}) \tag{5-29}$$

將式（5-13）、式（5-15）代入，得到

$$^1\pi_2 = \lambda\bar{C} - e\varepsilon\bar{p} + \eta(\alpha\bar{p}ke^{1/2} - e\varepsilon\bar{p}) \tag{5-30}$$

5.3.3.3 模型求解及分析

式（5-30）兩邊對 e 求偏導，整理得到

$$\frac{\partial(^1\pi_2)}{\partial e} = \frac{1}{2}\eta\alpha\bar{p}ke^{-1/2} - (1+\eta)\varepsilon\bar{p} \tag{5-31}$$

$$\frac{\partial^2(^1\pi_2)}{\partial e^2} = -\frac{1}{4}\eta\alpha\bar{p}ke^{-3/2} \tag{5-32}$$

由假設及定義可知 $\frac{\partial^2(^1\pi_2)}{\partial e^2} < 0$，則 $^1\pi_2$ 對於 e（$0 \leq e \leq 1$）的圖形是凸的，$^1\pi_2$ 有極大值。

令 $\frac{\partial(^1\pi_2)}{\partial e} = 0$，可求得分級分成利益分配模式下房地產開發商從自身利益出發願意投入的最優工作努力水準 $^1e^*$：

$$^1e^* = \frac{\eta^2\alpha^2 k^2}{4(1+\eta)^2\varepsilon^2} \tag{5-33}$$

分析式（5-33），可知 $^1e^* > 0$。

與式（5-22）比較，由於 $\frac{\eta^2}{(1+\eta)^2} < 1$，因此 $^1e^* < e^0$

與式（5-26）比較，可知 $^1e^* > e^*$。

推論 5-3：在房地產開發商參與房地產信託項目超額利潤分配的情況下，開發商的利益與項目整體利益一致，但開發商的工作努力程度低於使整個項目利潤最大時所需的工作努力程度，整個項目利潤不能實現最大化。同時，在參與項目超額利潤分配的情況下，房地產開發商的工作努力

程度大於只按比例支付管理費情況下的工作努力程度。

式（5-33）兩邊對 k 求偏導，得到

$$\frac{\partial^1 e^*}{\partial k} = \frac{\eta^2 \alpha^2 k}{2(1+\eta^2)\varepsilon^2} \tag{5-34}$$

由相關定義和假設，可知 $\frac{\partial^1 e^*}{\partial k} > 0$，即 $^1 e^*$ 是 k 的單調遞增函數。

$$\frac{\partial^1 e^*}{\partial \eta} = \frac{\eta \alpha^2 k^2}{2(1+\eta)^3 \varepsilon^2} \tag{5-35}$$

由相關定義和假設，可知 $\frac{\partial^1 e^*}{\partial \eta} > 0$，即 $^1 e^*$ 是 η 的單調遞增函數。

推論 5-4：在房地產開發商參與房地產信託項目超額利潤分配的情況下，開發商的最優努力工作程度與其知識投入的效率系數 k 呈正相關，與其分配的超額利潤的比例 η 呈正相關。

將式（5-33）代入式（5-15），整理得到

$$\pi = \bar{\pi} + \frac{\eta \alpha^2 k^2 \bar{p}}{2(1+\eta)\varepsilon} - \frac{\eta^2 \alpha^2 k^2}{4(1+\eta)^2 \varepsilon} \bar{p} \tag{5-36}$$

式（5-36）兩邊對 η 求偏導，得到

$$\frac{\partial \pi}{\partial \eta} = \frac{\alpha^2 k^2 \bar{p}}{2\varepsilon(1+\eta)^2} \times \frac{1}{1+\eta} \tag{5-37}$$

根據相關定義和假設，可知 $\frac{\partial \pi}{\partial \eta} > 0$，表明 π 是 η 的單調遞增函數。

將式（5-33）代入式（5-28），整理得到

$$^1\pi_1 = \bar{\pi} - \lambda \bar{C} + (1-\eta)\frac{\alpha^2 k^2 \bar{p}\eta}{4\varepsilon(1+\eta)^2} \times (2+\eta) \tag{5-38}$$

式（5-38）兩邊對 η 求偏導，整理得到

$$\frac{\partial(^1\pi_1)}{\partial \eta} = \frac{\alpha^2 k^2 \bar{p}}{4\varepsilon} \times \frac{2 - 4\eta - \eta^2 - \eta^3}{(1+\eta)^3} \tag{5-39}$$

$$\frac{\partial^2(^1\pi_1)}{\partial \eta^2} = \frac{\alpha^2 k^2 \bar{p}}{4\varepsilon} \times \frac{-2\eta^2 + 6\eta - 10}{(1+\eta)^4} \tag{5-40}$$

式（5-40）中，由於 $0 < \eta < 1$，有 $-2\eta^2 + 6\eta - 10 < 0$。根據相關

定義和假設，可知：$\dfrac{\partial^2({}^1\pi_1)}{\partial \eta^2} < 0$，因此 ${}^1\pi_1$ 對於 $\eta(0 < \eta < 1)$ 的圖形是凸的，有極大值。

令 $\dfrac{\partial({}^1\pi_1)}{\partial \eta} = 0$，因 $\eta(0 < \eta < 1)$ 為實數，舍去兩個虛根，可求得

$$\eta^* = 0.432, 9 \tag{5-41}$$

分析式（5-37）及式（5-41），可得到如下推論。

推論 5-5：從項目整體而言，為使項目利潤最大化，應將房地產信託項目超額利潤盡可能多地分配給房地產開發商，但是，超額利潤分配的主動權掌握在信託公司手中，從信託公司的利益出發，超額利潤分配給房地產開發商的最優比例 $\eta^* = 0.432, 9$。

將式（5-41）代入式（5-33）得到

$${}^1 e^* = 0.022, 8 \dfrac{\alpha^2 k^2}{\varepsilon^2} \tag{5-42}$$

5.3.4 算例檢驗及分析

假設信託公司股權投資某房地產項目，該項目共有可銷售產品 $Q = 1,000$ 套，該區域內同類競爭性項目產品的銷售均價為 $\bar{p} = 1$ 萬元／平方米，區域內同類競爭性項目的平均單位成本為 $\bar{C} = 0.7$ 萬元/平方米。項目通過開發商的努力工作可以提高的單位產品利潤的最大值 $G = \alpha\bar{p} = 0.3$ 萬元/平方米，即 $\alpha = 0.3$；開發商的努力程度最大為 1 時，其成本投入 $D = \varepsilon\bar{p} = 0.06$ 萬元/平方米，即 $\varepsilon = 0.06$。信託公司向房地產開發商支付管理費的固定比例為 $\lambda = 3\%$。

開發商知識投入的效率係數 k 變化取值，相應的各種情況下開發商的工作努力程度、各方的收益以及整個房地產信託的單位產品利潤如表 5-1 所示。

表 5-1　　　　　　　　參數 k 變化及各變量計算結果

k 取值	按比例支付管理費情況下							超額利潤分配情況下			
	e^0 計算值	e^0 取值	π^0	e^*	π	π_1	π_2	$^1e^*$	$^1\pi$	$^1\pi_1$	$^1\pi_2$
0.3	0.56	0.56	0.23	0	0.2	0.179	0.021	0.051	0.220	0.190	0.027
0.5	1.56	1	0.29	0	0.2	0.179	0.021	0.143	0.256	0.211	0.037
0.7	3.06	1	0.35	0	0.2	0.179	0.021	0.280	0.310	0.241	0.052
0.9	5.06	1	0.41	0	0.2	0.179	0.021	0.462	0.382	0.282	0.072
0.93	5.41	1	0.42	0	0.2	0.179	0.021	0.493	0.394	0.289	0.075
0.95	5.64	1	0.43	0	0.2	0.179	0.021	0.515	0.403	0.294	0.078

註：因 $0 \leq e \leq 1$，當計算出的 e 大於 1 時，取 $e = 1$。

由表 5-1 可知，從項目整體出發，其利潤最大值 π^0 均大於其他情況下的項目整體利潤值，且各種情況下房地產開發商的工作努力程度均低於項目整體利潤最大化時需要開發商付出的工作努力程度 e^0。

同時，對比按比例支付管理費和房地產開發商參與超額利潤分配兩種情況。在房地產開發商參與超額利潤分配的情況下，房地產開發商的工作努力程度 $^1e^*$ 高於按比例支付管理費情況下的工作努力程度 e^*；在參與超額利潤分配情況下，項目的總體利潤以及信託公司和房地產開發商的收益均高於按比例支付管理費情況下的數值。

在參數 k 取值變化的情況下，可以看出房地產開發商的工作努力程度 e 與 k 呈正相關。

在參與超額利潤分配情況下，信託公司從自身利益出發，將超額利潤分配給房地產開發商的最優比例 $\eta^* = 0.432,9$。為進行驗證，對超額利潤的分配比例 η 的取值進行變動，相關數據的計算結果如表 5-2 所示。

表 5-2　　　　　　η 取值變動情況下相關指標數值變化

k 取值	η 取值	超額利潤分配情況下			
		$^1e^*$	$^1\pi$	$^1\pi_1$	$^1\pi_2$
0.7	0.432,9	0.279,5	0.31	0.241,4	0.051,9
0.7	0.3	0.163,1	0.284,2	0.238	0.0365
0.7	0.5	0.340,3	0.321,3	0.239,6	0.061,2

由表 5-2 可知，當 η 取值發生變動時，信託公司的收益在 $\eta^* = 0.432,9$ 處有極大值，證明從信託公司的利益出發，$\eta^* = 0.432,9$ 是超額利潤分配給房地產開發商的最優比例；同時，可知隨著 η 的變動，房地產開發商的工作努力程度 e 發生變動，且與 η 呈正相關。

5.4 信託持有部分股權的房地產信託項目利益分配研究

信託公司對房地產信託項目進行真正的股權投資，獲取房地產信託項目的開發收益。一種模式是信託公司 100% 持有項目公司股權，將項目委託給專業的開發商管理。根據前述分析，這種模式下開發商只有參與房地產信託項目超額利潤分成，其工作積極性才能得到有效調動；如果房地產開發商只是獲取一定比例的項目管理費，則其工作積極性不高，房地產項目要想獲得超額利潤難度較大。因此，信託公司可以換一種思路，與房地產開發商共同作為房地產信託項目的股東，讓房地產開發商以股東身分參與項目開發利潤的分配，使其能以股東身分享受到因其工作努力帶來的項目超額利潤，從而調動房地產開發商的工作積極性，促使其努力工作，盡力提升項目品質、降低項目成本，使合作雙方收益最大化。為使激勵效果更好，信託公司甚至可以讓渡一部分股權收益給房地產開發商，在股東之間進行利潤分配時，不按照股權比例而是雙方協商一個比例進行項目利潤分配；或者約定對超出計劃利潤的超額利潤雙方另行約定分配比例。

5.4.1 基本定義和假設

信託公司股權投資房地產信託項目，對項目實行「股+債」方式提供融資。在具體的房地產信託項目中，信託公司和房地產開發商共同作為房地產項目公司的股東，項目公司按現代企業制度運行，建立規範的法人治理結構。其中信託公司對項目公司的具體經營管理原則上不參與，只是監

督項目公司的運行，項目開發管理的具體工作均由房地產開發商負責。

為便於分析，作如下定義和假設。

信託公司與房地產開發商共同持有房地產項目的股權，其中信託公司的股權比例為 $\theta(0 < \theta < 1)$，房地產開發商的股權比例為 $(1-\theta)$。

其他定義和假設均同 5.3.1 節，包括式（5-11）~式（5-14）均適用於本節。

5.4.2 按股權比例分配項目利潤的利益分配分析

在房地產信託項目中，信託公司與房地產開發商的股權比例為：θ：$(1-\theta)$。開發商負責項目開發的具體管理工作，項目的日常管理工作要發生成本，為項目單位平均成本 $\bar{C}$ 的一定比例 $\lambda(0 < \lambda < 1)$，該項目管理費計入項目開發成本中，可以視為常量，此處不再單獨討論。

房地產信託項目扣除相關成本費用後，即為該項目的利潤，假設信託公司與房地產開發商按股權比例進行利潤分配。

5.4.2.1 建立模型

房地產信託項目的單位產品利潤如式（5-15）所示。

對於信託公司而言，其分配的利潤 $_1\pi_1$ 如下：

$$_1\pi_1 = \theta\pi \tag{5-43}$$

將式（5-15）代入，得到

$$_1\pi_1 = \theta(\bar{\pi} + \alpha\bar{p}ke^{1/2} - e\varepsilon\bar{p}) \tag{5-44}$$

對於房地產開發商而言，其收益 $_1\pi_2$ 等於按股權比例所分配的利潤減去其努力工作額外增加的成本：

$$_1\pi_2 = (1-\theta)\pi - C_1 \tag{5-45}$$

將式（5-13）、式（5-15）代入式（5-45），整理得到

$$_1\pi_2 = (1-\theta)(\bar{\pi} + \alpha\bar{p}ke^{1/2} - e\varepsilon\bar{p}) - e\varepsilon\bar{p} \tag{5-46}$$

5.4.2.2 模型求解及分析

房地產信託項目的整體利潤最大化條件與前述分析一致。

式（5-44）兩邊對 e 求偏導，整理得到

$$\frac{\partial_1\pi_1}{\partial e} = \frac{1-\theta}{2}\alpha\bar{p}ke^{-1/2} - (2-\theta)\varepsilon\bar{p} \tag{5-47}$$

$$\frac{\partial^2({}_1\pi_1)}{\partial e^2} = -\frac{1-\theta}{4}\alpha\bar{p}ke^{-3/2} \tag{5-48}$$

由假設和定義可知，$\frac{\partial^2({}_1\pi_1)}{\partial e^2} < 0$，則 ${}_1\pi_2$ 對於 e（$0 \leqslant e \leqslant 1$）的圖形是凸的，${}_1\pi_2$ 有極大值。

令 $\frac{\partial({}_1\pi_2)}{\partial e} = 0$，可求得房地產開發商從自身利益出發願意投入的最優工作努力水準 ${}_1e^*$：

$${}_1e^* = \frac{(1-\theta)^2\alpha^2k^2}{(4-2\theta)^2\varepsilon^2} \tag{5-49}$$

式（5-49）與式（5-22）進行對比分析，得到

$$\frac{{}_1e^*}{e^0} = \left(\frac{1-\theta}{2-\theta}\right)^2 \tag{5-50}$$

由假設有 $0 < \theta < 1$，因此，$0 < 1-\theta < 1$，$1 < 2-\theta < 2$。得到

$\frac{{}_1e^*}{e^0} < 1$，即

$${}_1e^* < e^0 \tag{5-51}$$

式（5-49）兩邊對 θ 求偏導，整理得到

$$\frac{\partial({}_1e^*)}{\partial\theta} = \frac{4(\theta-1)}{(4-2\theta)^3} \tag{5-52}$$

因 $0 < \theta < 1$，可知：$\theta - 1 < 0$，$4 - 2\theta > 0$，故 $\frac{\partial({}_1e^*)}{\partial\theta} < 0$，表明 ${}_1e^*$ 是 θ 的單調遞減函數。

推論5-6：信託公司與房地產開發商按股權比例進行項目利潤分配的情況下，房地產開發商從自身利益出發，其最優工作努力程度低於項目利潤最大化情況下需要房地產開發商付出的工作努力程度。並且，此時房地產開發商的最優工作努力程度與其知識投入的效率係數 k 呈正相關，與信託公司所持股權比例 θ 呈負相關。

將式（5-49）代入式（5-44），整理得到

$$_1\pi_1 = \theta\left(\overline{\pi} + \frac{(3-4\theta+\theta^2)\alpha^2 k^2 \bar{p}}{(4-2\theta)^2 \varepsilon}\right) \tag{5-53}$$

式（5-53）兩邊對 θ 求偏導，得到

$$\frac{\partial_1\pi_1}{\partial\theta} = \overline{\pi} - \frac{\alpha^2 k^2 \bar{p}}{4\varepsilon} \times \frac{\theta^3 - 6\theta^2 + 13\theta - 6}{(2-\theta)^3} \tag{5-54}$$

$$\frac{\partial^2(_1\pi_1)}{\partial\theta^2} = -\frac{\alpha^2 k^2 \bar{p}}{\varepsilon} \times \frac{\theta+4}{(2-\theta)^4} \tag{5-55}$$

因 $0 < \theta < 1$，可知：$2 - \theta > 0$，式（5-55）中其他各項均大於 0，因此 $\frac{\partial^2(_1\pi_1)}{\partial\theta^2} < 0$，則 $_1\pi_1$ 對於 $\theta(0 < \theta < 1)$ 的圖形是凸的，$_1\pi_1$ 有極大值。

令 $\frac{\partial(_1\pi_1)}{\partial\theta} = 0$，可得到

$$\frac{\theta^3 - 6\theta^2 + 13\theta - 6}{(2-\theta)^3} = \frac{4\varepsilon^2\overline{\pi}}{\alpha^2 k^2 \bar{p}} \tag{5-56}$$

推論 5-7：信託公司與房地產開發商按股權比例分配項目利潤的情況下，為起到激勵房地產開發商、充分調動其積極性的作用，信託公司在房地產信託項目中占的最大股權比例 θ^* 應滿足式（5-56）要求。

5.4.3 超額利潤分級分成的利益分配分析

如果房地產開發商只是付出一般的工作努力程度，則房地產信託項目只能獲取與周邊類似項目差不多的利潤水準，即計劃利潤水準。但如果房地產開發商的積極性得到充分調動，提高項目品質、降低項目成本，則房地產信託項目能實現超出計劃利潤水準的超額利潤。

因此，可以借鑑分級分成利益分配思想，對於房地產信託項目在預期內的計劃利潤，信託公司與房地產開發商按股權比例進行分配，對於超過計劃利潤部分的超額利潤，雙方按約定的另一個比例進行分配。

5.4.3.1 建立模型

假設對於房地產信託項目實現的超額利潤，信託公司分配的比例為

$\delta(0 < \delta \leq \theta)$，房地產開發商分配的比例為 $(1-\delta)$。

這種情況下，房地產信託項目的單位產品利潤函數不發生變化，如式（5-15）所示。

對於信託公司而言，其分配的單位產品的收益為 $_2\pi_1$：

$$_2\pi_1 = \theta\bar{\pi} + \delta(\pi - \bar{\pi}) \tag{5-57}$$

將式（5-15）代入式（5-57），得到

$$_2\pi_1 = \theta\bar{\pi} + \delta(\alpha\bar{p}ke^{1/2} - e\varepsilon\bar{p}) \tag{5-58}$$

對於房地產開發商而言，其分配的單位產品的收益為 $_2\pi_2$：

$$_2\pi_2 = (1-\theta)\bar{\pi} + (1-\delta)(\pi - \bar{\pi}) - C_1 \tag{5-59}$$

將式（5-13）、式（5-15）代入式（5-59），得到

$$_2\pi_2 = (1-\theta)\bar{\pi} + (1-\delta)(\alpha\bar{p}ke^{1/2} - e\varepsilon\bar{p}) - e\varepsilon\bar{p} \tag{5-60}$$

5.4.3.2　模型求解及分析

式（5-60）兩邊對 e 求偏導，整理得到

$$\frac{\partial(_2\pi_2)}{\partial e} = \frac{1-\delta}{2}\alpha\bar{p}ke^{-1/2} - (2-\delta)\varepsilon\bar{p} \tag{5-61}$$

$$\frac{\partial^2(_2\pi_2)}{\partial e^2} = -\frac{1-\delta}{4}\alpha\bar{p}ke^{-3/2} \tag{5-62}$$

因 $0 < \delta < \theta < 1$，有 $0 < 1-\delta < 1$，因此 $\frac{\partial^2(_2\pi_2)}{\partial e^2} < 0$，表明 $_2\pi_2$ 對於 e（$0 \leq e \leq 1$）的圖形是凸的，$_2\pi_2$ 有極大值。

令 $\frac{\partial(_2\pi_2)}{\partial e} = 0$，可得到房地產開發商從其自身利益出發的最優工作努力水準

$$_2e^* = \frac{(1-\delta)^2\alpha^2k^2}{4(2-\delta)^2\varepsilon^2} \tag{5-63}$$

式（5-63）與式（5-22）進行對比分析，得到

$$\frac{_2e^*}{e^0} = \left(\frac{1-\delta}{2-\delta}\right)^2 \tag{5-64}$$

由假設有 $0 < \delta < \theta < 1$，因此，$0 < 1-\delta < 1$，$1 < 2-\delta < 2$。得到

$$\frac{_2e^*}{e^0} < 1 \tag{5-65}$$

式（5-63）與式（5-49）進行對比分析，兩者的表達式完全一致，令

$$y = \left(\frac{1-x}{2-x}\right)^2 \tag{5-66}$$

式（5-66）中，$0 < x < 1$。

可求得

$$y' = -\frac{2(1-x)}{(2-x)^3}$$

因 $0 < x < 1$，有 $y' < 0$，即 y 為 x 的單調遞減函數。

由於 $0 < \delta < \theta < 1$，因此，有

$$_2e^* > {}_1e^* \tag{5-67}$$

推論5-8：對房地產信託項目超額利潤進行分級分成分配的情況下，房地產開發商從自身利益出發，其最優工作努力程度低於項目利潤最大化情況下需要房地產開發商付出的工作努力程度，但高於完全按股權比例進行利潤分配情況下的工作努力程度。並且，此時房地產開發商的最優工作努力程度與其知識投入的效率系數 k 呈正相關，與信託公司分配超額利潤的比例 δ 呈負相關。

將式（5-63）代入式（5-58）得到

$$_2\pi_1 = \theta\bar{\pi} + \delta\frac{(3-4\delta+\delta^2)\alpha^2 k^2 \bar{p}}{(4-2\delta)^2 \varepsilon} \tag{5-68}$$

式（5-68）兩邊對 δ 求偏導，得到

$$\frac{\partial {}_2\pi_1}{\partial \delta} = \frac{\alpha^2 k^2 \bar{p}}{4\varepsilon} \times \frac{6-13\delta+6\delta^2-\delta^3}{(2-\delta)^3} \tag{5-69}$$

$$\frac{\partial^2 ({}_2\pi_1)}{\partial \delta^2} = \frac{\alpha^2 k^2 \bar{p}}{4\varepsilon} \times \frac{-2\delta-8}{(2-\delta)^4} \tag{5-70}$$

因 $0 < \delta < 1$，可知：$-2\delta - 8 < 0$，式（5-70）中其他各項均大於0，

因此 $\frac{\partial^2(_2\pi_1)}{\partial \delta^2} < 0$，則 $_2\pi_1$ 對於 $\delta(0 < \delta < \theta < 1)$ 的圖形是凸的，$_2\pi_1$ 有極大值。

令 $\frac{\partial(_2\pi_1)}{\partial \delta} = 0$，即 $6 - 13\delta + 6\delta^2 - \delta^3 = 0$，因 $\delta(0 < \delta < 1)$ 為實數，捨去兩個虛根，可求得

$$\delta_1^* = 0.621,3 \tag{5-71}$$

因 $0 < \delta \leq \theta$，當根據式（5-71）計算出的 $\delta_1^* > \theta$ 時，取 $\delta_1^* = \theta$。

推論 5-9：從項目整體而言，為使項目利潤最大化，應將房地產信託項目超額利潤盡可能多地分配給房地產開發商；但是，超額利潤的分配需要在項目雙方股東之間協商達成一致意見，房地產開發商從其自身利益出發，確定其最優工作努力程度後，從信託公司及項目整體利益考慮，超額利潤分配給信託公司的最優比例 $\delta^* = 0.621,3$。

將式（5-71）代入式（5-63），得到

$$_2e^* = 0.018,9 \times \frac{\alpha^2 k^2}{\varepsilon^2} \tag{5-72}$$

5.4.4 算例檢驗及分析

假設信託公司股權投資某房地產項目，該項目共有可銷售產品 $Q = 1,000$ 套，該區域內同類競爭性項目產品的銷售均價為 $\bar{p} = 1$ 萬元/平方米，區域內同類競爭性項目的平均單位成本為 $\bar{C} = 0.7$ 萬元/平方米。項目通過開發商的努力工作可以提高的單位產品利潤的最大值 $G = \alpha\bar{p} = 0.3$ 萬元/平方米，即 $\alpha = 0.3$；開發商的努力程度最大為 1 時，其成本投入 $D = \varepsilon\bar{p} = 0.06$ 萬元/平方米，即 $\varepsilon = 0.06$。

在按股權比例進行房地產項目收益分配的情況下，房地產開發商知識投入的效率系數 k 變化取值，相應的各種情況下房地產開發商的工作努力程度、各方的收益以及整個房地產信託項目的單位產品利潤如表 5-3 所示。

表 5-3　按股權比例分配收益情況下參數 k 變化及各變量計算結果

θ	k	π^0 計算值	e^0 取值	e^*	$_1e^*$	$_1\pi$	$_1\pi_1$	$_1\pi_2$
0.5	0.3	0.56	0.56	0.33	0.06	0.319	0.159	0.156
0.50	0.5	1.56	1	0.39	0.17	0.352	0.176	0.166
0.50	0.7	3.06	1	0.45	0.34	0.402	0.201	0.181
0.30	0.7	3.06	1	0.45	0.52	0.420	0.126	0.263
0.70	0.7	3.06	1	0.45	0.16	0.375	0.263	0.103

說明：因 $0 \leqslant e \leqslant 1$，當計算出的 e 大於 1 時，取 $e = 1$。

從表 5-3 中，可以看出，在按股權比例分配項目收益的情況下，開發商的工作努力程度 $_1e^*$ 低於項目整體利潤最大化時其應付出的工作努力程度 e^0，且 $_1e^*$ 與開發商知識投入的效率系數 k 呈正相關，與信託公司的股權比例 θ 負相關。

將相關參數取值代入式（5-56），得到

$$\frac{\theta^3 - 6\theta^2 + 13\theta - 6}{(2-\theta)^3} = \frac{0.8}{k^2} \tag{5-73}$$

為簡化分析，假設房地產開發商的知識投入效率很高，$k = 1$，則式（5-73）變為

$$\frac{\theta^3 - 6\theta^2 + 13\theta - 6}{(2-\theta)^3} = 0.8 \tag{5-74}$$

因 $\theta(0 < \theta < 1)$ 為實數，舍去兩個虛根，可求得

$$\theta^* = 0.836,3 \tag{5-75}$$

由式（5-73），當 $\theta = 1$ 時，可求得 $k = 0.632,5$，表明在其他參數按前述取值確定的情況下，當房地產開發商知識投入的效率系數 $k < 0.632,5$ 時，信託公司從自身利益出發，可以要求房地產開發商在項目中不占股份。

在房地產項目超額收益分級分成分配的情況下，房地產開發商知識投入的效率系數取值為 $k = 0.7$ 時，信託公司占的股權比例為 $\theta = 0.7$ 時，變動超額收益分配的比例 δ，相關計算結果如表 5-4 所示。

比較表5-3和表5-4，在 $\theta = 0.7$，$k = 0.7$ 時，按照 $0 < \delta \leq \theta$，表5-4中當取 $\delta = 0.5$ 時，可以發現 $_2e^* = 0.34 > {}_1e^* = 0.16$，表明此時房地產開發商的工作努力程度比按股權比例分配收益情況下更高，項目總體收益及雙方各自收益均更高。

表5-4 超額收益分級分成情況下的參數變化及各變量計算結果

θ	k	δ	$_2e^*$	$_2\pi$	$_2\pi_1$	$_2\pi_2$
0.70	0.7	0.5	0.34	0.402	0.261	0.121
0.70	0.7	0.7	0.16	0.375	0.263	0.103
0.70	0.7	0.9	0.03	0.332	0.239	0.092
0.70	0.7	0.621,3	0.23	0.387	0.264	0.109

註：因 $0 \leq e \leq 1$，當計算出的 e 大於1時，取 $e = 1$。

從表5-4前三種情況，也可以看出，房地產開發商的工作努力程度與其知識投入的效率系數取值 k 正相關，與信託公司分配超額收益的比例 θ 負相關。

同時，根據式（5-71），在其他參數按上述取值確定的情況下，超額收益分配給信託公司最高比例為 $\delta_1^* = 0.621,3$；此時，信託的收益最大化。通過表5-4，可得到驗證。

5.5 本章小結

信託公司為獲取更高的收益，對房地產信託項目可以進行真正的股權投資，作為房地產信託項目的股東，獲取項目的分紅收益，而不是單純地提供貸款服務，也不是通常說的「明股實債」。

在信託公司對房地產信託項目進行股權投資時，主要有兩種類型：一種是信託公司持有房地產信託項目的全部股權，但聘請專業的房地產開發商來進行項目開發管理；另一種是信託公司和房地產開發商共同持股房地

產信託項目。

房地產項目具有獨一無二性和異質性，項目產品的銷售價格主要取決於項目的品質，房地產項目的利潤水準主要與房地產開發商的工作努力程度相關。因此，不管信託公司以哪種方式對房地產信託項目進行股權投資，都需要設計好對房地產開發商的激勵機制，充分調動其主觀能動性，提升項目品質、降低項目成本。

（1）信託公司持有房地產信託項目全部股權情況下的研究結果

在信託公司全額持有房地產信託項目股權的情況下，有兩種利益分配模式：第一種是信託公司按項目產品成本的一個固定比例向房地產開發商支付管理費；第二種是雙方按周邊項目的平均利潤約定一個基準利潤，超過基準利潤的超額利潤雙方按另外的比例實行分級分成。

在按固定比例支付管理費模式下，房地產開發商的積極性得不到調動，其額外工作努力程度 $e^* = 0$。

在房地產開發商參與超額利潤分配的模式下，房地產開發商的工作努力程度 $^1e^* = \dfrac{\eta^2 \alpha^2 k^2}{4(1+\eta)^2 \varepsilon}$ 大於按固定比例支付管理費模式下的工作努力程度 e^*。並且，由於信託公司持有房地產信託項目的全部股權，房地產開發商只是受託開發管理項目，利益分配的主動權掌握在信託公司手中。在本研究中設定的開發商成本函數和努力工作的效果函數下，超額利潤分配給房地產開發商的最優比例為 $\eta^* = 0.432,9$。

但由於雙方作為經濟人，均從自身利益最大化出發採取行動，兩種情況下房地產開發商的工作努力程度均低於從房地產信託項目整體收益最大化出發所需要房地產開發商付出的努力程度。

（2）信託公司持有房地產信託項目部分股權情況下的研究結果

在信託公司與房地產開發商共同持有房地產信託項目股權的情況下，也有兩種利益分配模式：第一種是雙方按股權比例對項目利潤進行分配；第二種是雙方按周邊項目的平均利潤約定一個基準利潤，對於基準利潤雙方按股權比例進行分配，超過基準利潤的超額利潤雙方按另外的比例實行分級分成分配。

在按股權比例進行項目利潤分配的情況下，由於房地產開發商本身也要參與超額收益的分配，本身有努力工作的動力，此時，其工作努力程度 $_1e^*$ 與其所持有的股權比例呈正相關，與信託公司持有的股權比例 θ 呈負相關，與開發商知識投入的效率系數 k 呈正相關。同時，為激勵房地產開發商，信託公司持有的最大股權比例 θ^* 應滿足式（5-56）的要求。

在對超額利潤實行分級分成的情況下，設定信託公司分配超額利潤的比例 δ 低於信託公司的持股比例 θ。此時，房地產開發商的工作努力程度 $_2e^*$ 高於按股權比例分配項目利潤情況下的值，$_2e^*$ 與開發商知識投入的效率系數 k 呈正相關，與信託公司分配超額利潤的比例 δ 負相關。在本研究中設定的開發商成本函數和努力工作的效果函數下，超額利潤分配給信託公司的最優比例為 $\delta^* = 0.621,3$。

同樣，由於雙方作為經濟人，均從自身利益最大化出發採取行動，兩種情況下房地產開發商的工作努力程度均低於從房地產信託項目整體收益最大化出發所需要房地產開發商付出的努力程度，項目的利潤最大化不能實現，只能實現次優結果。

因此，信託公司在股權投資房地產信託項目時，除了以金融機構的身分看待項目外，還需要以股東身分對待項目，在考慮投資能按時回收的同時，考慮項目利潤最大化的問題。此外，還需要當好利益協調人，設計好與房地產開發商的利益分配機制，充分調動房地產開發商的積極性，提高雙方的收益，實現雙贏。

6 房地產信託項目主動管理研究

房地產業務在信託公司業務總量中佔有較大比重，也是大部分信託公司利潤的重要來源，對信託公司的發展具有重要作用。但是，隨著中國房地產市場的發展和成熟，以及國家對房地產市場的持續調控，房地產信託業務的風險在逐漸顯現。

金融的本質是經營風險，信託公司作為金融機構也不例外。而主動管理能力體現一個信託公司風險管理能力的強弱，反應一個信託公司的競爭能力高低，應受到信託公司的高度重視。就房地產信託業務而言，信託公司尤其要做好主動管理，提高風險管理能力。

6.1 信託主動管理概述

主動管理是相對於被動管理而言的。2017 年 4 月，原銀監會下發的《信託業務監管分類說明（試行）》對主動管理型信託的定義為：信託公司具有全部或部分的信託財產運用裁量權，對信託財產進行管理和處分的信託。

一般情況下，信託公司做的通道業務屬於被動管理型信託，其他的業務基本都屬於主動管理型信託。

主動管理能力對於信託公司而言非常重要，是信託公司培育核心競爭力的一個重要方面。從國外經驗來看，信託公司都非常註重主動管理能力的培養。從國內信託行業的實踐來看，信託公司如果不具備主動管理能力，就會淪為其他金融機構的附庸，業務上表現為通道業務多，討價還價能力弱，報酬低，無法形成穩定的盈利模式。另外，主動管理能力也是風險管理能力的一種體現，如果信託公司主動管理能力不強，則其風險管理能力也好不到哪兒去，不能對信託項目進行有效掌控。

信託公司加強主動性管理，實質也是基於《信託公司集合資金信託計劃管理辦法》第四條的要求[71]：信託公司管理、運用信託計劃財產，應當恪盡職守，履行誠實信用、謹慎勤勉的義務，為受益人的最大利益服務。主動管理就是信託公司作為受託人勤勉盡責的具體體現。

尤其對於房地產信託項目，信託公司更需要加強主動管理，以應對國家調控和市場變化對項目的影響，使項目處於信託公司的可控範圍之內，出現風險時能及時採取有效措施進行應對。

根據中國信託業協會的統計，截至2017年第二季度末，中國的信託資產規模達23.14萬億元。按照資金來源劃分，集合資金信託為8.52萬億元，占比36.82%，單一資金信託為11.11萬億元，占比48.01%，管理財產信託為3.51萬億元，占比15.17%；按照功能劃分，事務管理類為12.48萬億元，占比53.92%，融資類為4.49萬億元，占比19.4%，投資類為6.17萬億元，占比26.68%。

從資金來源進行分析，單一資金信託和管理財產信託基本都可以歸類到被動管理信託中，集合資金信託基本均為主動管理信託。

從2011年至2017年第二季度末，按照資金來源分類，信託業務的數據及占比情況如表6-1所示。

表 6-1 2011 年至 2017 年第二季度末信託業務按資金來源分類數據

年份		2011	2012	2013	2014	2015	2016	2017
金額（萬億元）	集合資金信託	1.36	1.88	2.72	4.29	5.34	7.34	8.52
	單一資金信託	3.28	5.1	7.59	8.75	9.35	10.12	11.11
	管理財產信託	0.17	0.49	0.6	0.94	1.61	2.76	3.51
	單一+財產信託小計	3.45	5.59	8.19	9.69	10.96	12.88	14.62
比例（%）	集合資金信託	28.25	25.2	24.9	30.7	32.78	36.28	36.82
	單一資金信託	68.21	68.3	69.62	62.58	57.36	50.07	48
	管理財產信託	3.55	6.5	5.49	6.72	9.87	13.65	15.18
	單一+財產信託小計	71.76	74.8	75.11	69.3	67.23	63.72	63.18

註：1. 數據來源：中國信託業協會網站；

2. 表中 2017 年數據為該年 2 季度末數據，其餘年份均為 4 季度末數據。

2011—2017 年，每年主動管理信託業務與被動管理信託業務的占比變化趨勢如圖 6-1 所示。

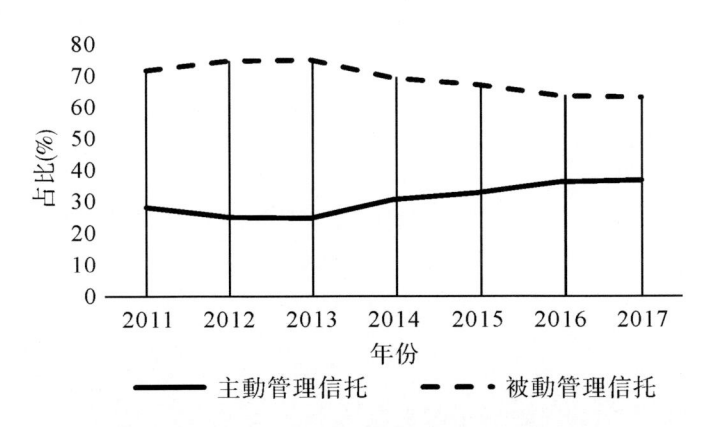

圖 6-1 2011—2017 年主動和被動信託業務占比

從表 6-1 和圖 6-1 可以看出，7 年中主動管理信託業務占比在 2017 年達到最高，為 36.82%，2013 年占比最低，為 24.9%。與被動管理信託業務相比，主動管理信託業務占比較低，但可喜的是其總體呈現上升趨勢，說明信託公司對主動管理信託業務越來越重視。由於主動管理信託業務是信託公司利潤的主要來源，主動管理信託業務占比的上升，有助於信託公

司提高獲利能力，提升信託在「大資管」行業中的競爭能力。

但是，從另一個方面來看，主動管理信託業務要求信託公司承擔更多的風險。這就要求信託公司必須提升主動管理能力，有效控制項目風險，才能提高自身的核心競爭力。

房地產信託業務中主動管理和被動管理比例的具體數據無法獲取，不好進行定量分析，但與總體的業務比例應該不會有太大的差異。信託公司要做好主要利潤來源的房地產信託業務，也必須加強主動管理。

6.2 融資類房地產信託項目主動管理研究

融資類房地產信託項目包括兩種情況：一種是直接的債權融資，另一種是以「明股實債」方式進行融資。不管哪種方式，從本質上來看，都屬於債權融資。對於融資類房地產信託項目，信託公司只是房地產項目的債權人，信託公司的主動管理也只能從債權人的身分出發。

6.2.1 做好項目的盡職調查

盡職調查是瞭解合作對方詳細情況、消除信息不對稱的重要手段。信託公司要從源頭上管理房地產信託項目風險，就需要認真做好盡職調查，瞭解項目的真實情況，在此基礎上進行項目決策。但是，從以前的工作實踐來看，有些信託公司對盡職調查並未予以足夠重視，盡職調查流於形式，導致房地產信託項目從源頭上就留下了風險隱患。因此，信託公司需要從主觀上進一步重視，做好盡職調查工作。

6.2.1.1 盡職調查的主要內容

按照房地產信託項目盡職調查的目的，可以將盡職調查分為法律盡職調查和財務盡職調查。

按照房地產信託項目盡職調查的對象，可以將盡職調查分為對項目本身的盡職調查和對房地產開發商的盡職調查。

（1）房地產信託項目本身的基本情況

對房地產信託項目本身的基本情況進行盡職調查主要包括以下內容：①項目所處的城市及區位；②項目的規劃指標及條件；③項目土地是生地還是熟地；④項目的土地面積、用地性質；⑤土地取得時間、方式、價格；⑥土地款繳納情況，土地證辦理情況；⑦項目的市場定位及產品定位；⑧項目的開發進度計劃及目前的進展情況。

（2）項目公司的相關情況

由於中國稅收制度的特點及其他原因，房地產信託項目一般都會在項目所在地單獨成立項目公司，以進行項目的開發。項目公司的盡職調查主要包括以下內容：①項目公司股東構成；②項目公司的註冊時間、註冊資本金（認繳額和實繳額分別是多少）；③項目公司的管理團隊情況，尤其是主要人員的從業經歷；④項目公司債權債務情況；⑤項目公司的章程、重大事項決策程序等；⑥項目公司的法人治理結構。

（3）區域的房地產市場調研

房地產信託項目能否取得成功，與房地產市場關係密切。對區域的房地產市場調研應主要關注以下幾個方面：①對全國房地產市場未來一定時期的研判；②項目所在城市的經濟發展情況及趨勢分析；③項目所在區域板塊在城市中的位置分析；④城市及區域的規劃、定位分析；⑤城市及區域的房地產存量、去化速度分析；⑥城市及區域過去幾年房價變化分析以及後續幾年房價走勢預判；⑦項目所在區域的基礎設施配套情況分析；⑧項目所在區域競爭性樓盤的詳細分析。

（4）開發商的相關情況

除了項目本身以外，開發商的綜合實力如何對於房地產信託項目能否安全收回融出資金本息也非常重要。對開發商的盡職調查主要包括以下內容：①開發商的規模及企業發展速度；②開發商的營業收入構成分析，以及房地產業務在其中所占的比重；③開發商的融資情況分析；④開發商的財務狀況分析；⑤開發商的開發資質等級、開發業績分析；⑥開發商未來幾年的現金流預測分析。

（5）項目的融資、抵押及擔保情況

有些房地產信託項目，信託公司進入的時機並不是項目土地取得前，而是在項目的實施過程仲介入。此時，需要對項目的融資、抵押及擔保情況進行盡職調查，以規避項目風險。①項目目前的融資情況分析，包括融資的金額、融資對象、融資性質（股權還是債權）、融資成本、融資期限；②項目的土地等資產是否進行了抵押，包括抵押對象、抵押目的、抵押率、抵押期限等；③項目的擔保情況，包括擔保對象、擔保目的、擔保金額、擔保期限等。

6.2.1.2 盡職調查的方法

盡職調查的方法主要有書面資料核對、人員訪談、現場調查、公開渠道收集信息等。

（1）書面資料核對

在進行盡職調查時，首先會向被調查方開具資料清單，請其提前準備、提供相關資料。收到這些資料後，可以先核對這些資料的真實性，如將收到的項目相關證照的複印件與原件進行核對，通過其他方式復核所提供信息的真實性等。在真實性復核的基礎上，對所提供的書面資料的合理性及不同資料相互之間的邏輯性進行分析。

（2）人員訪談

很多深層次、真實的信息通過書面資料是反應不出來的，需要通過與項目相關人員進行深度溝通才能得到，甚至還需要對訪談得到的信息進行深入分析才能挖掘出來真正有用的信息。

進行人員訪談，一般會事先擬定訪談提綱，有針對性地提出訪談話題，獲取所期望獲取的信息。

訪談的對象也可以進行事先挑選，並根據需要選取不同比例的基層、中層、高層人員作為訪談對象。

（3）現場調查

有些信息需要到現場進行調查，才能有切身的直觀認識，在此基礎上進行分析，才能得出相應的判斷。

現場調查的對象包括房地產信託項目本身、周邊競爭性樓盤、配套基

礎設施，項目所在地政府相關部門的辦事程序、效率、透明度，以及開發商本部及其他房地產項目的現場調查。

（4）公開渠道收集信息

隨著社會的進步，「公開、公平、公正」原則在政府部門及社會其他方面均得到了越來越廣的應用；同時，隨著信息技術的發展，相關信息的獲取更加及時、方便，成本更低。因此，通過公開渠道收集信息是盡職調查一種非常實用的方法。

6.2.2 監控好項目資金流向

房地產屬於資金密集型行業，項目資金流量大。能否管理好項目資金對於項目成敗有著重要影響。

對於信託公司而言，管理好房地產信託項目資金的主要目的是保證項目資金封閉運作，不外流。信託公司成立信託計劃向房地產開發商提供融資時，信託計劃都是設定有期限的，此期限在向投資者募資時也是明確的。在信託計劃結束時，信託公司需要從房地產信託項目收回信託資金本息，以向投資者兌付信託產品。

6.2.2.1 建立項目資金專戶，進行共管

信託公司可以要求房地產開發商就項目開設資金專戶，並與項目資金專戶的開戶銀行簽訂資金監管協議，要求銀行配合信託公司對項目的資金監管工作。信託公司可以要求項目的資金進出只能通過資金專戶，以確保項目資金的封閉運行。

對於房地產信託項目的資金帳戶管理，還可以在銀行留下開發商和信託公司雙方的印鑒，資金的流出需有雙方簽章。

6.2.2.2 對項目的大額支出，進行共同審批

為防止開發商將信託資金及本項目銷售回收的資金轉移到其他項目，信託公司可以與開發商簽訂資金監管協議，約定一定數額以上的資金使用，開發商需事先取得信託公司的同意。信託公司在項目的開發過程中，需要參與項目的一些管理工作，對於相關招標工作全過程參與，並對相關招標文件及合同條款進行審核，尤其是對款項支付條款予以特別關注。在

項目需要支出大額款項時，對照項目與承包商、銷售代理商等簽訂的相關合同，審核資金使用的合理性。

6.2.2.3 注意項目成本支出與項目開發進度的匹配

房地產開發商主要做管理及集成工作，項目的具體建設及銷售一般都外包給專業的公司來實施。正常情況下，項目的成本支出與項目的開發進度是基本同步的。信託公司也要防止開發商以各種名目將資金轉移出去，如工程預付款、設備購置訂金、銷售代理費等，通過承包商、設備供應商及銷售代理商將資金轉移出去，導致項目真正需要用款時，卻沒有資金可用。在項目開發過程中，信託公司要經常對照項目的成本曲線與進度曲線，分析兩者的吻合度；如發現成本曲線超前進度曲線較多的情況，要引起重視，與開發商進行溝通，查找真實原因。

6.2.2.4 加強對項目銷售收入的管控

項目銷售收入是項目歸還融資本息的最主要資金來源，信託公司必須對房地產信託項目的銷售收入嚴格管控。項目銷售收入管控，需要做好以下幾方面工作：

一是檢查項目銷售合同印製，確保資金歸集帳戶的可控性。房地產項目的銷售合同已基本形成標準合同，開發商針對具體的項目在標準合同的基礎上完善相關信息、進行集中印製後即可用於本項目。信託公司要檢查開發商印製的銷售合同，保證銷售合同上標示的收款人帳戶是信託公司與開發商共管的資金專戶，防止銷售資金流入其他資金帳戶。

二是掌握項目銷售臺帳，及時核對銷售備案情況。一般情況下，房地產開發商和銷售代理商均會建立項目銷售臺帳，信託公司可以要求開發商和銷售代理商每天提供更新的項目銷售臺帳，瞭解項目的銷售情況，並及時與當地房管局的銷售備案系統進行數據比對，以防止房地產開發商隱瞞項目實際銷售情況、轉移銷售回款。

三是定期檢查開發商的收款收據開立情況。在房屋交付前，房地產開發商向購房者開具的一般是收據而不是正式的發票。信託公司應該經常對開發商的銷售收款收據進行檢查，將收據數據與銷售臺帳及資金帳戶數據進行對比，看是否存在異常情況，以免開發商通過其他渠道收取銷售款。

6.2.3 掌控項目運行情況，提出優化意見

雖然開發商是房地產方面的專業公司，一般情況下其開發管理能力比信託公司更強，但是，開發商也會存在工作疏漏的地方，或者是基於其本身利益制訂相關策略、採取相關行動。信託公司可以從項目整體利益出發，或者從自身的角度出發、基於信託資金的順利回收提出相關優化意見。

6.2.3.1 對項目的市場及產品定位提出優化意見

房地產項目的市場定位和產品定位直接決定項目是否能適應市場需求，適應市場需求的產品，銷售速度快，售價合理；不適應市場需求的產品，即使銷售價格低，也不能及時銷售出去。

由於房地產項目的市場定位及產品定位發生在項目施工之前，一旦開始施工，要想再改變極為困難，即使能改變，代價也很大。如在開始施工後再進行項目市場定位和產品定位的調整，則需要重新進行設計、報建，已施工的部分還需要拆除重建，需要付出時間和金錢兩方面的成本。

信託公司對於房地產信託項目可以基於兩個方面提出市場及產品定位的優化意見。

（1）基於項目收益最大化提出優化意見

信託公司作為房地產信託項目的債權人，可以參與項目的策劃、方案討論工作，為項目的市場定位和產品定位提出優化意見。對於開發商未考慮到的問題，應提出完善建議，使項目的產品能進一步貼近市場需求，實現項目收益的最大化。

（2）基於項目資金鏈提出優化意見

為籌集資金而發行的信託產品是有期限約束的。因此，在某種程度上，房地產信託項目的資金鏈能正常運行比項目利潤更重要，如果項目資金鏈斷裂，則項目面臨生死考驗。

房地產開發商在項目的市場及產品定位時，可能更多地會從利潤最大化的角度來考慮問題。在這種情況下，信託公司要站在金融機構的專業角度，提出基於項目資金鏈的優化建議方案，確保信託計劃到期按約兌付。

例如，在限購、限貸背景下，雖然品質高的改善型住房售價更高，但銷售速度可能較慢；而品質適當的剛需型住房則能以合適價格、較快速度銷售出去。基於房地產信託項目資金鏈正常運行考慮，項目定位為剛需樓盤可能更合理。

6.2.3.2 對項目的施工承包商選擇提出意見

房地產項目的質量對於項目的銷售有非常大的影響，如果顧客認為項目的質量不好，則很難下決心購買該項目的產品。2009年至2013年，全國不少地方接連出現「樓倒倒」「樓歪歪」事件，使得老百姓在購房時對質量問題一直心懷忐忑，心理上把房屋質量放在非常重要的位置。

由於中國實行的是商品房預售制度，大部分購房者買的是期房。在簽訂購房合同時項目正在施工，購房者無法看到實物，項目也還沒有經過政府部門的綜合驗收備案，消費者對項目產品質量的預期判斷只能基於開發商的品牌和明示的承擔項目施工的承包商的實力。

在一般情況下，房地產開發商招標選擇項目的施工總承包商時，都是實行資格預審制，在資格預審通過後進入正式招標程序。為避免惡性價格競爭，評標時大多採用綜合評分法，分別給予投標報價和技術方案不同的權重，以加權分值作為投標人的綜合得分，以得分高的投標人作為中標候選人。

正常情況下，民營施工企業能以比國有施工企業更低的成本來完成工程項目的施工，其投標報價可能更低。單純從項目利潤角度出發，項目招標確定評標標準時可能就會對投標報價賦予更高的權重，對技術部分和商務部分賦予更低的權重。這樣，民營的施工企業（尤其是中小型）中標的概率就更大。但是，從開發商品牌塑造和利於銷售的角度出發，讓國有的大型建築企業來承擔項目的施工更有利，雖然成本可能會稍微高一點，但在質量方面能夠給購房者以更多信心。

信託公司如果發現開發商在工程承包商選擇方面過多地關注於成本，就應該提醒開發商從品牌打造、質量信譽方面予以考慮。

6.2.3.3 對項目的銷售定價提出優化意見

正常情況下，房地產信託項目的銷售定價都由開發商自己辦理，信託

公司不會干預。從專業角度而言，開發商常年在市場中競爭，對市場的把握更準、市場敏感度更高，項目定價工作交給開發商更合理。但是，在一些特殊的情況下，信託公司需要干預房地產信託項目的銷售定價，提出優化意見。

前面也提到，房地產信託項目要對資金鏈予以特別重視，在信託計劃期限到時，需要按約兌付。因此，在房地產市場遭遇調控、市場暫時不景氣的情況下，開發商和信託公司的觀點可能就會產生衝突。站在開發商的角度，希望項目利潤最大化，認為項目暫緩銷售，堅持一段時間，銷售價格就會上漲，不願意在市場低迷期低價銷售。這種情況下，信託公司需要對開發商曉之以理，提出能順利回籠資金、保持項目資金鏈正常運轉的銷售價格優化建議，甚至強制動用在協議中約定的特殊情況下信託公司的銷售定價權。

6.2.4 及時、準確披露項目信息

信息披露是信託公司主動管理、履職盡責的一個重要方面，信託公司要認真做好項目信息披露工作。

對信息披露的原則性要求：及時性、真實性、準確性、完整性。

6.2.4.1 項目信息披露的主要內容

（1）成立公告

信託計劃推介結束後，信託公司應當及時製作《「××集合資金信託計劃」成立公告》，就該信託計劃下的信託合同數量與信託資金總額等內容進行披露。

（2）月度資金管理報告書

信託公司應當按照信託文件約定的信息披露方式，按月製作《「××集合資金信託計劃」月度資金管理報告書》，定期披露信託資金的管理情況。

信託資金管理報告書應當包括以下內容。

①信託財產專戶的開立情況；

②信託資金管理、運用、處分和收益情況；

③信託項目經理變更情況；

④信託資金運用重大變動說明;

⑤涉及訴訟或者損害信託計劃財產、受益人利益的情形;

⑥信託計劃文件約定的其他內容。

(3) 房地產信託項目的運行情況定期披露

具體的項目是信託資金投向的標的,信託公司應把項目的運行情況及時向相關人進行披露。包括項目進展是否順利,與計劃相比存在哪些差距,項目存在哪些問題,信託公司採取了哪些主動管理措施、有何效果,等等。

6.2.4.2　關於項目的重大事項披露

當房地產信託項目發生重大事項時,信託公司應當立即向投資者進行信息披露,以讓投資者及時瞭解相關信息及採取行動。

(1) 當項目公司財務狀況嚴重惡化、擔保方不能繼續提供有效擔保、信託財產可能遭受重大損失等嚴重情況時,信託公司應當在獲知有關情況後及時向受益人披露有關信息,並盡快向受益人(或信託文件規定的人)書面提出信託公司採取的應對措施。

(2) 預計信託項目可能無法按信託合同約定向信託受益人交付信託財產時,信託公司應經過公司高層會議討論後立即對外進行信息披露。

6.3　股權投資類房地產信託項目主動管理研究

對於股權投資類房地產信託項目,信託公司以項目的股東身分出現,並且,一般情況下,信託公司對項目採取「股+債」的模式提供融資。融資類房地產信託項目中信託公司所採取的主動管理措施,在股權投資類項目中也要全部採用;與此同時,還要從股東的角度出發對房地產信託項目實施主動管理。

6.3.1 制定好項目公司章程，按現代企業制度運作

公司章程是公司設立時的三大要件之一，可以說公司章程就是一個公司的「憲法」。公司章程對股東、董事、監事、經理層都具有約束力，公司所有相關方都必須遵守。信託公司作為房地產信託項目的股東，其訴求首先應通過公司章程體現。

在房地產信託項目公司章程制定時，信託公司作為項目公司股東，需要在以下幾方面予以特別重視。

6.3.1.1 明確項目公司股東、出資額、出資期限

股東在項目公司中所占股份比例的大小決定其享有項目公司利潤分配權利的大小。因此，項目公司的公司章程中必須明確記載各股東的名稱及股權比例。

項目公司的公司章程中首先要明確公司的註冊資本金是多少，各股東分別認繳多少，實際到位多少。

由於股權投資類的房地產信託項目，信託公司採取「股+債」的方式向項目提供融資，除項目公司的註冊資本金以外，其他資金均由信託公司以資本公積或債權方式提供給項目。從開發商的角度出發，希望以盡量少的項目註冊資本金來撬動更大的項目，提高槓桿率，這樣，即使項目出現風險，在只以項目本身作為抵押的情況下，開發商的損失就是註冊資本金部分，有利於其風險的降低。但是，從信託公司的角度出發，希望開發商盡量多出現金，以提高信託資金的保障度，這種情況下，項目公司的註冊資本金應該盡量大一些。

因此，信託公司應與開發商進行溝通、協商，確定合適的項目公司註冊資本金金額，並且，要約定認繳的註冊資本金到位期限，如果一方在約定的期限註冊資本金未及時到位，視為其放棄相應股權，另一方繳納後，相應股權歸其所有。

6.3.1.2 明確項目公司的董事、監事、經理層人員配比及推薦權

按照現代企業制度，公司主要由經理層負責日常經營，董事會負責重大事項的決策，監事會對經理層和董事會的工作進行監督。因此，股東對

項目公司中經理層、監事會、董事會均需要派出人員擔任相關職位，才能對項目公司的情況及時瞭解，使項目公司不會脫離自己的把控。

項目公司的公司章程中應該明確監事會和董事會的人數，以及各方股東在項目公司董事會和監事會中的席位，股東推薦相應席位的董事和監事，按程序通過選舉後確定。

同時，對於經理層的人數及產生方式亦可在公司章程中明確。經理層的人員可以採用市場選聘的方式，也可採用股東推薦、董事會聘用的方式。如果信託公司需要對經理層的某些關鍵崗位進行委派，以防止項目公司的經營行為脫離自己的掌控，如財務總監崗位，則可以在項目公司的公司章程中明確該職位的高管由信託公司推薦後，由董事會聘任。

6.3.1.3 明確項目公司重大事項的決策程序及權限

為使項目公司規範運行，需要明確規定項目公司經理層及董事會的決策程序和權限，對於重大事項必須由董事會來進行決策。

在公司章程中可以明確規定超過某一金額的支出事項須由董事會決策，項目銷售定價須由董事會決策，其他更重要的事宜應由公司股東會決策。並且，信託公司根據自己在項目公司董事會中的席位及股份比例，對相關事項約定不同的決議通過數比例，如有些事項可以要求與會人員的一半以上同意，有些可以要求與會人員的 2/3 以上同意，有些可以要求與會人員的 3/4 以上同意。

6.3.1.4 明確股東之間股權轉讓及對外轉讓事宜

股權轉讓對項目公司而言是非常重要的事情，股東對此應非常慎重。在項目公司的公司章程中，應對股權轉讓事宜進行規定。

信託公司應從兩個方面考慮項目公司的股權轉讓事宜，在公司章程中予以明確。

（1）開發商的股權轉讓

房地產信託項目要依靠開發商來進行開發、營運，其要進行股權轉讓，項目的開發可能就要面臨新的變數。如果開發商將其在項目公司中的股權轉讓給其他開發商，信託公司對擬接手的開發商的能力要重新進行考察，對其能否勝任項目的開發工作存在疑問，項目會存在不確定性。因

此，在項目正常運行的情況下，盡量避免開發商轉讓股權，原則上不允許開發商主動提出轉讓股權，除非信託公司認為項目已出現重大問題，原有開發商不適合再主導項目的開發，此時信託公司可以主動提出要求開發商轉讓其股份。

(2) 信託公司的股權轉讓

信託公司作為金融機構，不宜長期持有項目公司股權。因此，在滿足以下兩個條件的基礎上，信託公司應將持有的項目公司股權轉讓出去：①除項目公司註冊資本金以外的信託資金本息已收回；②項目開發已基本完成、已銷售完絕大部分產品。此時，項目公司剩餘的未售資產較少，有利於進行較為精準的資產評估。在資產評估的基礎上，信託公司進行股權轉讓。此時，開發商具有優先受讓權；在開發商不受讓的情況下，信託公司可對外進行股權轉讓。

6.3.2 管理好項目公司的證照、印鑒

項目公司證照、印鑒的管理非常重要，如果管理不當，項目公司就會對外進行不可控的抵押、擔保，簽訂不當合同，造成項目公司的經營管理失控，給項目公司及股東造成重大損失。項目公司證照、印鑒管理主要應做好以下幾方面工作。

6.3.2.1 把好項目公司印鑒的刻制關

把好印鑒的刻制關對於項目公司的印鑒管理非常重要，屬於源頭工作。印鑒刻制關把好了，可以減少不必要的印鑒數量，印鑒管理工作量就會減少。

印鑒刻制應堅持的原則：滿足工作需要、適量的原則。印鑒刻制不宜數量過多，相關印鑒最好只刻制一套；如果一套不能滿足工作需要，加刻需要取得雙方股東同意，並做好登記工作，指派專人進行管理。

6.3.2.2 把好項目公司證照及印鑒的保管關

項目公司證照及印鑒必須妥善保管，不然將造成使用混亂。

證照及印鑒應存放在保險櫃中，保險櫃由項目公司雙方股東派出的工作人員共同掌管，其中一方保管鑰匙，另一方掌握密碼。要使用相關證照

及印鑒時，需雙方人員到場，共同打開保險櫃。

對於作廢的證照或印鑒，由雙方人員封存、貼上封條，置於保險櫃中，按照作廢證照及印鑒的保管年限進行保管；保管年限屆滿，在雙方的見證下，進行銷毀。

6.3.2.3 把好項目公司證照及印鑒的使用關

項目公司證照及印鑒在日常使用過程中易出問題，對這個環節應加強管理。

（1）明確相關證照及印鑒使用的審批流程

對於每一種證照及印鑒的使用，項目公司均應制定相應的審批流程，每次均應按照流程由使用申請人填寫「項目公司證照/印鑒使用申請表」，在相關人員審核、簽字後才能使用。特殊情況下，情況緊急、相關審批人不在項目公司時，須由使用申請人當著證照及印鑒保管人的面以電話形式取得相關審批人的口頭同意，事後及時補上相關審批簽字。

信託公司派駐項目公司的工作人員，對於證照及印鑒的使用及帶來的後果應有初步的判斷，其每次均應在「項目公司證照/印鑒使用申請表」上進行審核簽字。對於一些可能會給項目公司帶來重大影響的證照及印鑒使用事宜，信託公司派駐項目公司的工作人員在無法把握的情況下，應及時向信託公司相關人員匯報、請示，以決定是否同意使用相關證照、印鑒。

（2）做好證照及印鑒使用的詳細登記

對於每一次證照及印鑒的使用，項目公司證照及印鑒保管人均應進行詳細的登記，嚴禁未經登記私自使用證照及印鑒。使用登記臺帳應妥善保管，防止人為損壞或丟失。信託公司負責該項目的貸後管理人員及派駐到項目公司的股東代表、董事、監事、高管應定期查看使用登記臺帳，如發現問題，及時處理。

6.3.3 加強預算管理，嚴控成本

房地產信託項目的成本管理工作與項目的最終效益密切相關。通過加強成本管理節約下來的部分將直接形成項目的利潤，但如果成本管理不到

位,造成成本超支,就會直接侵蝕項目的利潤。

另外,信託公司還要防備開發商與工程承包商或設備材料供應商或銷售代理商勾結,通過工程款、材料款、設備款、代理費等形式虛增項目成本或提前支付等方式,將項目資金轉移出本項目,侵害信託公司作為另一方股東的權益。

6.3.3.1 制定科學的成本預算,作為管理基礎

預算管理是成本管理的一種有效手段。隨著計算機技術的發展,預算管理工作越來越便利,其有效性也在不斷提高。

在項目土地取得後、施工或銷售工作開始之前,項目公司需要針對每一大類工作制定該項工作的成本預算,作為控制該項工作成本的基準,各項工作的成本預算匯總即為項目總的成本預算。

成本預算的制定有以下幾種方式。

(1) 以中標的承包商或供應商的投標報價為基礎制定成本預算

對於項目的大部分工作,如項目的工程施工、裝飾裝修、設備安裝、銷售等,一般都通過招標的形式來選擇承包商或供應商。經過開標、評標後,確定中標的承包商或供應商,經過合同談判後簽訂合同。項目公司可以以中標的承包商或供應商的投標報價或合同中標明的合同價作為基礎,進行優化或調整後作為該項工作的成本預算控制值。

(2) 以政府部門相關文件及規定為基礎制定成本預算

項目的有些費用支出,如報建費、維修基金、增值稅、土地增值稅、所得稅等可以根據相關政府部門發布的文件及法律法規直接計算得出。以計算出的數值直接作為這些工作的成本預算值。

(3) 以行業平均值或經驗值為基礎制定成本預算

對於某些工作,無法精準地用相關定額或文件規定來測算將要發生的成本費用,此時,可以採用行業平均值或企業的經驗值為基礎來制定成本預算。例如,房地產項目的管理費,一般可按照行業的平均水準如項目預計銷售收入的3%進行控制。

6.3.3.2 做好成本的過程管控,減少執行偏差

成本的過程控制最為重要,要在項目的實施過程中加強成本管理工

作，盡量保證與預算目標的一致性，減少實際成本與預算成本的偏差。

在項目實施過程中，應定期（每月或每季度）召開經濟活動分析會，進行項目的成本分析，查找問題，並針對存在的問題採取成本糾偏措施。

（1）將已發生的成本值與預算值進行對比分析

對於已發生的成本，分類分項用實際發生的數值與預算值進行對比分析，看是否存在偏差。這其中包括成本金額和相關工作量完成情況兩方面與預算值進行對比分析。

（2）將成本的發生曲線與工作的進度曲線進行對比分析

在將實際發生成本與預算成本進行對比分析的同時，還要以時間為橫軸繪製該項工作的成本發生曲線，將之與工作的進度曲線進行對比分析，判斷該項工作進度偏差情況以及成本支出的均衡合理性。

（3）做好成本預算調整工作

房地產項目實施週期較長，一般都在 2 年以上。在實施過程中，由於各方面因素和市場的變化，會導致項目成本發生變化。因此，在項目實施過程中，應及時根據環境和市場的變化調整成本預算。

6.3.3.3　增加開發商的成本管理責任，超支限額

由於房地產信託項目基本都由開發商進行實際的開發管理，信託公司主要是起監督、監管作用，對很多具體工作並不深度參與，在成本管理方面也無法深入管控，需要依賴開發商的管理。

為了防止開發商在成本管理方面的道德風險行為，造成項目成本管理失控，信託公司可以與開發商進行約定，對項目成本分幾大類，以雙方認可的預算優化修正數據作為限額，超出限額的成本由開發商獨自承擔，以增強開發商的成本管理壓力和責任。

6.3.4　設計好利益分配機制，調動開發商積極性

股權投資類房地產信託項目，信託公司投資的目的是獲取豐厚的股權投資回報。但項目基本交由開發商來管理，借助開發商的專業能力期望實現項目的超額收益，信託公司參與項目的具體工作較少、較淺。

項目的最終效益如何，主要取決於開發商的工作。一方面，效益取決

於開發商的綜合能力。開發商的能力越強，所開發出的產品在客戶的認知中價值越大，同時項目的銷售也越快，項目的最終利潤也就越大。另一方面，效益取決於開發商的工作努力程度。如果開發商的積極性未得到有效調動，主動工作的積極性不高，則即使其本身能力較強，開發出的項目產品也不一定能得到市場的認可。如果開發商的積極性得到充分調動，則即使開發商本身能力差一點，但通過其努力、認真、細緻的工作，開發的項目產品價值會提升，也會得到消費者的高度認可，項目售價提高、成本降低，提升項目的利潤水準。

而對於具體的股權投資類房地產信託項目，只要項目選定，開發商就已經確定，其本身能力也就已確定。唯一可做的工作就是設計合理的利益分配機制，通過利益分配的調整來調動開發商的工作積極性，充分激發其主觀能動性，從而實現項目產品價值的提升，增加項目利潤。

對於信託公司100%持股的房地產項目，聘請開發商進行項目的開發管理，一般情況下，按照項目總投資額的一定比例向開發商支付管理費。為充分調動開發商的積極性，提高項目利潤水準，信託公司可以與開發商約定一個項目的基準利潤，項目實際實現的利潤在基準利潤以內的，信託公司按總投資額的一定比例支付管理費；對於超出基準利潤的超額利潤部分，開發商與信託公司共享，按一個較高的比例參與超額利潤分配。

對於信託公司與開發商共同持股、信託公司只持部分股份的房地產信託項目，開發工作主要由開發商承擔。正常情況下，雙方股東按股權比例進行項目的利潤分配。同樣，為激勵開發商，雙方股東可約定一個基準利潤，在基準利潤範圍內，雙方按股權比例進行分配；對於超出基準利潤的超額利潤部分，雙方按另一個比例進行分配。

6.3.5 增加股東對賭條款，犧牲部分利益以規避風險

對賭協議作為估值調整機制，實際上是期權的一種形式，在國際資本市場中有著廣泛的應用，進入21世紀以來，在中國也得到了應用推廣，尤其是在PE投資領域。

對賭協議將交易雙方不能達成一致的不確定性事件暫時擱置，留待該

不確定性消失後雙方再重新結算。由於這個結構性安排，使得達成股權交易的可能性大增，從總體上增加了社會福利[103]。2010年，謝海霞將對賭協議認定為「射幸」合同[104]，2016年劉燕以美國的法律及實踐作為基礎，對對賭協議進行了深入的分析，提出[105]：對賭協議的裁判核心不在於交易類型的合法性判斷，而是合同履行之可能性，後者需要基於公司財務狀況來具體分析。

6.3.5.1 對賭協議的法律效力分析

對賭協議在中國的使用過程中，其法律效力問題受到了中國學術界的廣泛討論。其原因是對於出現糾紛的對賭協議，法院判決時，有些判定對賭協議是有效的，有些判定對賭協議是無效的。作為「對賭協議第一案」的海富投資訴甘肅世恒案，也是歷經了蘭州市中級人民法院一審、甘肅省高級人民法院二審及最高法院再審三個階段才塵埃落定。該案一審、二審均判對賭協議無效，只有2012年11月在最高法院再審中才判決股東間的對賭部分有效，且最終判決後學術界對其判決的合理性問題的討論一直未停止過。

繼海富投資訴甘肅世恒案之後，中國陸續又發生了多起對賭協議的判例。根據現有的法院判例總結，對賭協議的有效性主要有以下兩條原則：

①股東與標的公司的對賭無效；

②股東之間的對賭有效。

雖然，目前在法律界的理論層面對於對賭條款的有效性尚未形成統一意見，但根據法院的判例，信託公司在股權投資類房地產信託項目上與開發商對賭時，須參考上述兩條原則。

6.3.5.2 信託公司與開發商之間的對賭條款

為規避項目風險，信託公司可與同為項目公司股東的開發商進行對賭。

假設信託公司在項目公司中的股權占比為 $\theta(0 < \theta < 1)$，其實繳的註冊資本金為 A，對項目公司債權部分收取的融資成本為年 $a\%$，信託計劃到期時，項目公司實現的淨利潤為 B。信託計劃的期限為 x 年，$x \geq 1$，且一般情況下，信託計劃期限不超過3年，特殊情況下不超過5年。

項目公司進行股東分紅，如果信託公司的股權投資 A 的年投資回報率低於債權部分的融資成本 a%，即股權部分的收益低於債權部分的收益，這種情況下，信託公司與開發商對賭，就可以要求開發商按債權部分的融資成本年 a% 收購信託公司在項目公司中的股權。即當 $B < \frac{A}{\theta}(1+a\%)^x$ 時，開發商應回購信託公司的股權。

如果開發商工作努力，項目的淨利潤 B 較高，超過雙方約定的數值 D。例如雙方約定 $D = \frac{A}{\theta}(1+2a\%)^x$，則開發商可以以一個雙方事先約定的價格 d 收購信託公司一部分股份 $E(0 \leq E \leq A)$。譬如事先約定的收購價格 $d = \frac{(1+2a\%)^x}{\theta}$，$E = A/2$。

信託公司通過設置與開發商的對賭條款，在信託計劃到期時，根據開發商的經營開發效果即項目的利潤情況，將自己的股份全部或部分以事先約定的不同價格轉讓給開發商，以此來規避不確定性風險。

信託公司在註重規模發展的同時，也在大力進行業務的轉型升級，逐步提高主動管理業務的比重。主動管理能力的提升對於信託公司十分重要，是信託公司核心競爭力的體現。尤其對於房地產信託項目，在中國房地產市場已逐步走向成熟、行業利潤逐步向社會平均利潤迴歸的背景下，房地產信託項目的風險相較於以前在逐步增大。信託公司要想繼續發展好房地產信託業務，必須加強主動管理，通過多種措施和手段，強化對融資類房地產信託項目和股權投資類房地產信託項目的管控能力，降低項目風險，實現項目決策時的目標，避免公司損失。

參考文獻

[1] 周樹立. 中國信託業的選擇 [M]. 北京：中國金融出版社，1999：130-166.

[2] 劉錫良. 金融機構風險管理 [M]. 成都：西南財經大學出版社，1999.

[3] 姜燁. 對中國金融風險的再解釋——制度與技術的二重性 [J]. 財經科學，2001（5）：36-39.

[4] 周英. 金融監管論 [M]. 北京：中國金融出版社，2002：56-83.

[5] 李樹生. 試析中國金融信託業的風險與原因 [J]. 首都經濟貿易大學學報，2002（4）：54-57.

[6] 徐光宇，陳德棉，徐光偉. 中國信託業的風險管理研究 [J]. 江西金融職工大學學報，2004（4）：13-17.

[7] 黎曦，駱漢賓，陳翃. 房地產投資信託風險管理 [J]. 建築經濟，2006（9）：79-81.

[8] 餘彤. 中國當前的信託風險管理 [J]. 經濟視角，2012（6）：96，104-105.

[9] 朱虹. 淺談信託風險及其防範 [J]. 東方企業文化，2013（3）：171.

[10] 袁吉偉. 信託項目風險成因與處置方法研究——基於 26 個信託風險事件 [J]. 金融發展研究，2013（9）：53-59.

[11] 倪受彬.「中誠信託事件」呼喚完善信託法規 [N]. 上海金融

報，2014-02-14.

[12] 宋曉雨.淺議信託公司風險管理與利潤增長的關係［J］.財會學習，2017（11）：213，220.

[13] 楊陽.淨資本管理下的信託公司財務風險管理研究［J］.財經界，2017（12）：67-68.

[14] 楊建新.信託投資公司的發展及其監管思路［J］.福建金融，2000（10）：12-14.

[15] 金志，張纓，季紅.信託業務的風險及其控制［J］.經濟，2000（6）：21-27.

[16] 朱建軍.中國信託業的風險管理淺議［J］.天津經濟，2001（3）：28-31.

[17] 姜霞.解讀信託業風險［J］.西部論叢，2003（2）：53.

[18] 張志榮，劉永紅.信託業公司治理中的內部審計與風險管理［J］.金融會計，2005（2）：41-43.

[19] 李國柱，馬君潞.風險承擔、風險緩衝與管理理念——關於信託公司風險管理的思考［J］.經濟與管理，2006，20（7）：45-49.

[20] 姚大躍.論信託公司風險控制途徑［J］.北方經濟，2008（10）：73-75.

[21] 崔澤軍.信託公司的風險管理策略［J］.金融理論與實踐，2009（1）：49-53.

[22] 張迪.信託公司風險來源及其控制［J］.知識經濟，2010（17）：53.

[23] 李蓓.中國信託公司風險管理體系改進策略研究［D］.成都：西南財經大學，2012（4）：22-28.

[24] 周星.淺議房地產信託業務的風險管理［J］.現代商業，2013（14）：71-72.

[25] 袁吉偉.中國信託公司操作風險管理問題與對策研究［J］.金融理論與實踐，2014（3）：103-108.

[26] 張靜.S信託公司信託業務風險管理研究［J］.商，2016（7）：

132, 184.

[27] 郝麗霞. 信託公司經營風險及其管理對策 [J]. 甘肅金融, 2016 (9): 43-45.

[28] 陳揚. 淺析信託公司內部控制與風險管理 [J]. 時代金融, 2017 (2): 293-294.

[29] MASCHLER M, PELEG B, SHAPLEY L S. Geometric properties of the kernal, nucleolus, and related solution concepts [J]. Mathematics of operational researeh, 1979, 4: 303-338.

[30] MORASEH K. Strategic alliances as stackelberg cartels-concept and equilibrium alliance structure [J] International journal of industrial organization, 2000, 18: 257-278.

[31] JIA N X, YOKOYAMA R. Profit allocation of independent power producers based on cooperative game theory [J]. Electrical power and energy systems, 2003, 25 (3): 633-641.

[32] JAHN H, ZIMMERMANN M, FISCHER M, et. al. Performance evaluation as an influence factor for the determination of profit shares of competence cells in non-hierarchical regional production networks [J]. Robotics and computer-integrated manufacturing, 2006, 22: 526-535.

[33] 蘭天, 徐劍. 企業動態聯盟利益分配的機制與方法 [J]. 東北大學學報 (自然科學版), 2008, 29 (2): 301-304.

[34] CHAUHAN S S, JEAN-MARIE PROTH. Analysis of a supply chain partnership with revenue sharing [J]. International journal of production economics, 2005, 97 (1): 44-51.

[35] 鄭文軍, 張旭梅, 劉飛, 等. 敏捷虛擬企業利潤分配機制研究 [J]. 管理工程學報, 2001, 15 (1): 26-28.

[36] 王安宇, 司春林. 基於關係契約的研發聯盟收益分配問題 [J]. 東南大學學報 (自然科學版), 2007, 37 (4): 700-705.

[37] 張延鋒, 劉益, 李垣. 戰略聯盟價值創造與分配分析 [J]. 管理工程學報, 2003, 17 (2): 20-22.

[38] 張小衛, 吳平, 衛民堂. 企業戰略聯盟的利益分配和衝突與專用性資產的關係初探 [J]. 雲南科技管理, 2003 (1): 33-35.

[39] 孫東川, 葉飛. 動態聯盟利益分配的談判模型研究 [J]. 科研管理, 2001, 22 (2): 91-95.

[40] 廖成林, 凡志均, 譚愛民. 虛擬企業的二次收益分配機制研究 [J]. 科學管理研究, 2005 (4): 138-140.

[41] 李亞東, 李從東, 張炎亮. 動態聯盟收益分配問題的博弈研究 [J]. 工業工程, 2006, 9 (3): 15-18.

[42] 文軍, 杜文. 基於熵權法的戰略聯盟收益分配協商方法 [J]. 統計與決策, 2007 (24): 192-193.

[43] 逄金輝, 張強. 博弈聯盟模糊收益的分配 [J]. 數學的實踐與認識, 2008, 38 (17): 206-213.

[44] 劉雷, 李南. 建設項目動態聯盟收益分配改進研究 [J]. 土木工程學報, 2009, 42 (1): 135-139.

[45] 李彤, 張強. 基於不滿意度的 Selectope 解集研究以及在企業聯盟收益分配中的應用 [J]. 中國管理科學, 2010, 18 (3): 112-116.

[46] 汪翔, 孟衛東, 吳國東. 基於第三方監督的研發聯盟收益分配機制研究 [J]. 軟科學, 2012 (6): 21-23.

[47] 陳愛祖, 唐雯, 康繼紅. 產業技術創新戰略聯盟利益分配模型研究 [J]. 科技管理研究, 2013, (12): 119-122.

[48] 馮慶華, 陳菊紅, 劉通, 等. 產品服務雙合作聯盟的最優收益分配研究 [J]. 統計與決策, 2015 (11): 53-55.

[49] 趙璇. 基於合作博弈的產學研聯盟收益分配問題研究 [J]. 技術經濟與管理研究, 2017 (3): 28-31.

[50] 魏修建. 供應鏈利益分配研究——資源與貢獻率的分配思路與框架 [J]. 南開管理評論, 2005, 18 (2): 78-83.

[51] CANAKOGLU E, BILGIC T. Analysis of a two-stage telecommunication supply chain with technology dependent demand [J]. European journal of operational research, 2006, 177 (2): 995-1012.

[52] 趙曉麗, 乞建勛. 供應鏈不同合作模式下合作利益分配機制研究——以煤電企業供應鏈為例 [J]. 中國管理科學, 2007, 15 (4): 70-76.

[53] 劉松, 宋加升, 高長元. 基於虛擬供應鏈的可拓利益分配方法研究 [J]. 管理科學, 2007, 18 (2): 14-20.

[54] 張巍, 張旭梅, 肖劍. 供應鏈企業間的協同創新及收益分配研究 [J]. 研究與發展管理, 2008, 20 (4): 81-88.

[55] 林家寶, 魯耀斌, 張龍. 移動服務供應鏈的收益分配機制研究 [J]. 管理學報, 2009, 6 (7): 906-909.

[56] 王鶯, 李軍. 競爭製造商供應鏈合作收益分配研究 [J]. 統計與決策, 2010 (18): 184-186.

[57] 貢文偉, 葛翠翠, 陳敬賢, 等. 基於 Nash 談判的三級逆向供應鏈合作利益分配模型 [J]. 工業工程與管理, 2011, 16 (3): 16-21.

[58] 鄧朝暉, 徐海寧, 薛惠鋒. 考慮服務水準的 Shapley 值法三級供應鏈收益分配研究 [J]. 西安理工大學學報, 2013, 29 (3): 373-378.

[59] 馬麗娟. 基於 Shapley 值的供應鏈信息共享收益分配研究 [J]. 上海管理科學, 2014, 36 (2): 77-79.

[60] 高崗倉, 陳亞樂. 博弈理論下農產品供應鏈收益分配研究 [J]. 商業經濟研究, 2016 (16): 183-185.

[61] 高更君, 黃芳. 基於雲重心 Shapley 值的供應鏈融資聯盟收益分配研究 [J]. 工業技術經濟, 2017 (2): 104-109.

[62] 馬士華, 王鵬. 基於 Shapley 值法的供應鏈合作夥伴間收益分配機制 [J]. 工業工程與管理, 2006 (4): 43-46.

[63] KADIR E. Coordinating supply chain in decentralized environments: optimization auction and bargaining-theoretic models [D]. Bethlehem: Lehigh University, 2002: 32-46.

[64] GIANNOCCARO I, PONTRANDOLFO P. Supply chain coordination by revenue sharing contracts [J]. International journal of production economies, 2004 (89): 131-139.

[65] 林旭東, 朱順泉. 供應鏈企業收益分配的博弈模型研究 [J]. 價

值工程，2004（3）：29-31.

[66] 陳菊紅，汪應洛，孫林岩. 虛擬企業利益分配問題博弈研究[J]. 運籌與管理，2002，11（1）：11-16.

[67] 中國房地產估價師與房地產經紀人學會. 房地產估價理論與方法[M]. 北京：中國建築工業出版社，2009：57-65.

[68] 中國信託業協會. 信託公司經營事務[M]. 北京：中國金融出版社，2012：46.

[69] 中國銀行業監督管理委員會. 信託公司管理辦法[S]. 2007-01-23.

[70] 中國銀行業監督管理委員會. 信託公司集合資金信託計劃管理辦法[S]. 2009-02-04.

[71] 楊奕. 北京全面進入存量房時代，二手房成交占比達到85%[N]. 北京晨報，2016-12-28.

[72] GOLABI K, KIRKWOOD C W, SICHERMAN A. Selecting a portfolio solar energy projects using multiattribute preference theory[J]. Management science，1981，27：174-189.

[73] 肖吉軍，紀秉林. 基於目標規劃的項目選擇方法研究[J]. 西安建築科技大學學報（自然科學版），2009，41（4）：583-586.

[74] 於超，樊治平. 考慮決策者後悔規避的風險投資項目選擇方法[J]. 中國管理科學，2016，24（6）：29-37.

[75] 楊敏，董紀昌，霍國慶. 基於多因素分析的IT項目組合選擇模型[J]. 管理科學，2006，19（2）：55-61.

[76] 張宜松. BT模式價值判斷與項目選擇標準的實踐方法研究[J]. 建築經濟，2010（8）：19-22.

[77] 毛新華. 高速公路路面養護項目選擇的經濟模型[J]. 技術經濟，2014，33（12）：93-97.

[78] 王三木. 工程投資項目的選擇問題[J]. 基建管理優化，2015，27（2）：12-18.

[79] 趙文義. 公路工程總承包項目選擇評價體系[J]. 長安大學學報

(自然科學版), 2014. 34 (11): 41-49.

[80] MARKOWITZ M. Portfolio selection [J]. Journal of finance, 1952, 7 (1): 77-91.

[81] SHARPE W. Capital asset prices: A theory of capital market equilibrium under conditions of risk [J]. Journal of finance, 1964 (19): 425-442.

[82] 王靜. 資產定價理論實證研究及其發展 [J]. 金融發展研究, 2015 (3): 10-17.

[83] BLACK F, SCHOLES M. The pricing of options and corporate liabilities [J]. Journal of politicl economy, 1973 (5): 637-654.

[84] ROSS S. Arbitrage theory of capital asset pricing [J]. Journal of economic theory, 1976 (13): 341-360.

[85] RUBINSTEIN M. The valuation of uncertain incomes streams and the pricing of options [J]. Bell journal of economics and management science, 1976 (7): 407-425.

[86] BREEDEN D, LITZENBERGER R. Prices of state—contingent claims implicit in option prices [J]. Journal of business. 1978, 51: 621-651.

[87] SHEFRIN H, STATMAN M. Behavioral capital asset pricing theory [J]. Journal of financial and quantitative analysis, 1994, 29 (3): 323-349.

[88] FRENCH K R, SCHWERT W, STAMBAUGH R F. Expected stock returns and volatility [J]. Journal of financial economics, 1987, 19 (1): 3-29.

[89] 劉祥東, 杜春苓, 王峰, 等. 跨期行為資產定價下風險與收益關係檢驗 [J]. 管理評論, 2016, 28 (10): 50-57.

[90] 溫中康. 信託產品收益及風險分析 [J]. 中國證券期貨, 2012 (10): 221-222.

[91] 鄧旭升, 肖繼五. 中國集合信託產品預期收益率的影響因素及市場風險評價——基於SVAT-GARCH-M模型與因子分析法的實證研究 [J]. 中國財經政法大學學報, 2012 (2): 113-118, 125.

[92] 鄧旭升, 王聰. 中國集合信託產品市場定價效率研究——基於與

銀行理財產品的比較［J］．中央財經大學學報，2015（2）：40-45．

［93］林德瓊，劉善存．基於合作博弈理論的房地產信託產品定價模型［J］．財經問題研究，2015（4）：54-60．

［94］朱佳俊，覃朝勇．中國房地產信託產品風險溢價的影響因素——基於 CAPM 的分析［J］．技術經濟，2015，34（8）：102-106．

［95］黃薇，喬志程．貸款型房地產信託的期權定價方法研究［J］．嶺南師範學院學報，2017，38（3）：133-139．

［96］陳廷．決策分析［M］．北京：科學出版社，1997：184-189．

［97］胡永宏．對 TOPSIS 法用於綜合評價的改進［J］．數學的實踐與認識，2002，32（4）：572-575．

［98］盧方元．一種改進的 TOPSIS 法［J］．統計與決策，2003（3）：78-79．

［99］BRAND S A. Dynamic pricing for residential electric customers：A ratepayer advocate's perspective［J］. The electricity journal，2010，23（6）：50-55．

［100］FARUQUI A，HLEDIK R，TSOUKALIS J. The power of dynamic pricing［J］. The electricity journal，2009，22（3）：42-56．

［101］王建軍．銷售電價分段定價方法研究［D］．大連：大連理工大學，2005：10-45．

［102］彭冰．對賭協議：未來不確定性的合同解決［N］．中國社會科學報，2012-01-28（A07）．

［103］謝海霞．對賭協議的法律性質探析［J］．法學雜誌，2010（1）：73-76．

［104］劉燕．對賭協議與公司法資本管制：美國實踐及其啟示［J］．環球法律評論，2016（3）：137-156．

國家圖書館出版品預行編目（CIP）資料

房地產信託項目決策及管理研究 / 管百海 著. -- 第一版.
-- 臺北市：財經錢線文化, 2019.10
　　面；　公分
POD版

ISBN 978-957-680-365-9(平裝)

1.不動產投資信託 2.投資管理

563.324　　　　　　　　　　　　　　　　　108016354

書　　名：房地產信託項目決策及管理研究
作　　者：管百海 著
發 行 人：黃振庭
出 版 者：財經錢線文化事業有限公司
發 行 者：財經錢線文化事業有限公司
E-mail：sonbookservice@gmail.com
粉 絲 頁：　　　　　網　址：
地　　址：台北市中正區重慶南路一段六十一號八樓815室
8F.-815, No.61, Sec. 1, Chongqing S. Rd., Zhongzheng Dist., Taipei City 100, Taiwan (R.O.C.)
電　　話：(02)2370-3310　傳　真：(02) 2370-3210
總 經 銷：紅螞蟻圖書有限公司
地　　址：台北市內湖區舊宗路二段121巷19號
電　　話：02-2795-3656　傳真：02-2795-4100　　網址：
印　　刷：京峯彩色印刷有限公司（京峰數位）

　　本書版權為西南財經出版社所有授權崧博出版事業股份有限公司獨家發行電子書及繁體書繁體字版。若有其他相關權利及授權需求請與本公司聯繫。

定　　價：280元
發行日期：2019年10月第一版
◎ 本書以POD印製發行